LOCUS

LOCUS

LOCUS

LOCUS

from

vision

from 79　榮譽法則

The Honor Code

作者：Kwame Anthony Appiah

譯者：莊安祺

責任編輯：湯皓全

美術編輯：何萍萍

校對：陳秀雲

法律顧問：全理法律事務所董安丹律師

出版者：大塊文化出版股份有限公司

台北市105南京東路四段25號11樓

www.locuspublishing.com

讀者服務專線：0800-006689

TEL：(02) 87123898　FAX：(02) 87123897

郵撥帳號：18955675　戶名：大塊文化出版股份有限公司

總經銷：大和書報圖書股份有限公司

地址：新北市新莊區五工五路2號

TEL：(02) 89902588（代表號）　FAX：(02) 22901658

製版：瑞豐實業股份有限公司

初版一刷：2012年5月

定價：新台幣300元

Printed in Taiwan

The Honor Code
榮譽法則

Kwame Anthony Appiah 著
莊安祺 譯

目次

如果相信人在任何既有而且受好評的職業或工作上，不能繼續保持誠實和榮譽，不但反宗教，而且不啻侮辱人的本性；而無疑地，同樣也偶爾會有與誠實和榮譽相反的誘惑。

——山繆・柯立芝（Samuel Coleridge, 1772-1834，英國詩人，文評家），

《文學傳記》（*Biographia Literaria*, 1817）

前言：榮譽感的進化

本書始於一個簡單的問題：我們怎麼藉著探索道德革命來瞭解道德？我之所以會問這個問題，是因爲歷史學者和哲學家經由仔細研究科學革命，而發現了許多和科學相關的內容，比如湯瑪斯・孔恩（Thomas Kuhn, 1922-1996）和保羅・費耶若本德（Paul Karl Feyerabend, 1924-1994，科學哲學家）就由探索十七世紀的科學革命（包括伽利略、哥白尼，和牛頓），以及爲我們帶來驚人量子物理理論的現代革命，而得到許多精彩的結論。

科學知識的成長顯然刺激了科技大規模的爆炸，但驅動科學的精神並不是要改變這個世界，而是要瞭解它。另一方面，道德也如伊曼努爾・康德（Immanuel Kant, 1724-1804，德國哲學家）所主張的，最終還是實用的：雖然我們所思考和感受的攸關道德，但道德的核心，還是在於我們的作爲。因此，由於革命是在短時間內有重大的改變，因此道德革命就必須牽涉到不只是道德情操，而且也牽涉道德行爲的快速變化。然而在道德革命這方面，就像科學革命一樣，一切看來都是新的。回顧起來，即使只不過經歷一個世代而已，大家都還是會問：「我們是怎麼回事？爲什麼這麼多年來都這樣做？」

因此我重新檢視許多道德革命，希望能瞭解由其中可以學到什麼。我幾乎立刻注意到我所檢視的各種不同的案例——摒棄決鬥、放棄纏足，和終結大西洋的奴隸交易，都有一些教人驚訝的共同特色，其中一個特色是，人們早就熟知反對這些做法的論點，而且顯然早在這些做法結束之前許久，就已經有人提出。這些論點不但早已存在，而且身爲其他文化或其他時代的我們，也可以辨識並瞭解。不論在這些不道德的做法停止時發生了什麼情況，在我看來，社會大眾並不是因爲有人提出新的道德論點而感到震驚：決鬥一向都是會鬧出人命而且不合理；纏足一向就教人痛苦得寸步難行；而奴隸也一向就是對受奴役者人性的攻擊，只是大家習以爲常，並沒有採取任何行動。

這些無所作爲，使我們吃驚。而第二點，也是教我更吃驚的一點，是社會大眾所爲之處：在這些轉變之中，一種被稱爲「榮譽」的事物發揮了旋乾轉坤的關鍵角色，而這也造成了對本書所收集之資料的疑問。決鬥攸關榮譽，當然不是什麼值得大驚小怪的事，就連決鬥之所以不再風行，是因爲有新的榮譽觀點出現，這也並不足爲奇，但在我看來，驚人的是對國家榮譽和勞工榮譽的想法，竟然分別在纏足和現代奴隸制的終結上，有如此深遠的影響。

這些問題同樣和我們社會認同的角色息息相關——身爲男人和女人、同性戀和異性戀、美國人和迦納人、基督徒、穆斯林和猶太人，塑造了我們的情感和選擇。我曾在先前出版的書中探索和家庭、族裔團體、宗教，和國家的認同，會讓我們和其他人共同因驕傲或羞恥而結合，因此我可能特別做好了準備，要在我即將討論的道德革命核心中，尋找榮譽和認同之間的關聯。

在我看來，這是值得注意的關聯。認同把道德革命和長久以來備受英語國家道德哲人所忽視的人類心理層面連結在一起，雖然在最近的道德和政治哲學之中，這種心理層面已經較受重視。這種心理層面就是我們對地位與尊重深刻且持續的關切，是我們對黑格爾（Georg Wilhelm Friedrich Hegel）所謂 Anerkennung（認可）的人性需求。我們人需要別人對我們是誰和我們所做的事有適當的回應，我們需要別人承認我們是有意識的生物，承認我們認可他們。當你在街上看人時，你們雙目相對，表達的是相互的承認，你們倆都表達了基本的人類需要，也都對你們相互之間所辨識出來的需要做出回應——立刻，而且自然而然，不費吹灰之力。黑格爾關於認可的掙扎有一段知名的討論，見諸於《精神現象學》（*The Phenomenology of Spirit*）中談主奴之間關係的段落，我相信如果廢奴運動的力量來自追求認可，他也不會驚訝。

因此我的疑問引領我來到有點出人意表之處：我想要讓我們在思考如何過成功的人性生活時，讓榮譽占上關鍵的位置。亞里士多德認為，最好的人生是能達到他所謂 eudaimonia 的人生，他把 eudaimonia 的研究稱爲道德規範。我把本書當成是對亞里士多德道德規範的貢獻，這也是我用此字的本意。

eudaimonia 常被誤譯爲「幸福」，但亞里士多德的意思是，eudaimonia 就是興盛繁榮，而我想把興盛繁榮解釋爲「活得很好」——只要你不把活得很好當成是只對別人好。引導我們決定我們應該爲別人做什麼的，是引導我們自己生活的許多價值中的部分集合，稱之爲道德價值應不爲過。在這樣的定義下，決鬥、纏足和奴隸制度顯然是道德問題（奴隸、纏足婦女，和因決鬥而死的人沒有得到他們應得的事物）。

顯然道德在這樣的意義之下，是倫理很重要的一個層面：做我該爲別人做的事是活得好的一部分，而最近這幾個世紀的一個特色就是越來越體認到我們每一個人對其他人的義務。但要活得好，除了在道德方面要好之外，還有許多其他的條件；而減少讓人生活得好的多重條件，是哲學上揮之不去的誘惑。好的生活通常包括與家人和朋友的關係，這些關係並不只是我們所虧欠他人的事物，也包括我們因爲愛而心甘情願施予的事物。大部分的人都因社會活動而使生活更美好，我們參加教會或上寺廟；我們一起遊戲或者觀看運動比賽；我們參與地方或全國政治活動，而且我們也接觸這許多對人類經驗如此珍貴的事物，包括音樂、文學、電影和視覺藝術，以及因爲參與各種各樣我們爲自己選擇的計畫，比如學習烹飪或者園藝，或者研究我們家族的歷史，因而獲益。人類的好有許多形式。

要開始掌握爲什麼榮譽對倫理道德有其重要性，就要先辨明榮譽和尊重之間的關係，因爲尊重他人和自尊自重顯然也是人類核心的善，對 eudaimonia 有所助益，協助我們活得更好。

在我的學術生涯中，也花了不少時間，想要讓我的哲學家同僚認識他們可能不論在理論或實際上都不夠重視的事物：種族和族裔特色、性別和男女之別、國籍和宗教……這些構成我們人生中豐富的社會認同。原來，榮譽是現代道德哲學所忽視的另一個重要課題。而它之所以舉足輕重的一個原因，是它也像我們的社會認同一樣，把我們的生命連結在一起。注意榮譽，也就像注重我們社會認同的重要性一樣，可以協助我們依我們應該做的方式待人，也可以讓我們把自己的人生發揮得淋漓盡致。以前的哲人知道這點——讀讀孟德斯鳩（Montesquieu）或亞當・史密斯（Adam Smith）就可明白，或者在這個問題上，亞里士多德所知的更多，但雖然「尊重」和「自重」在現代哲學中備受歡迎，但和它們相關卻不同的「榮譽」卻遭人遺忘忽視。我認爲把榮譽重新納入哲學，此其時矣。

我在本書中所探索的歷史事件證明：榮譽在不同時地的不同特色。這些例證讓我們得以在整個畫面中添加元素，藉由從英國到中國，然後再回到大西洋世界的旅程，我們能夠更深入地瞭解榮譽的層面。本書中所舉的並不是三個各不相干的區域性故事，而是整個人類故事的絲縷，對新加坡或孟買或里約熱內盧人的重要性，絕不亞於對洛杉磯或開普敦或柏林的人。我也相信在如上這每一個地方，雖然榮譽的主題或許有地方性的變化，但一樣可以找到具有相同核心教訓的事件。

不過我的目標並不只是瞭解其他的人，其他的時間，和其他的地方，而且也希望能啓發我們當前的生活。尤其我要運用過去所學得的教訓，來面對榮譽在現代世界所遭遇最具挑戰性的問題：以榮譽之名來殺害婦女或女孩。等我們在第四章來到巴基斯坦之時，就能夠瞭解且面對榮譽黑暗的一面；而正如歷史所教導我們的一樣，我們在一個地方所學到的教訓，也可以運用在其他的地方。我把焦點放在巴基斯坦，但由一開始就該強調的是，這絕非發生榮譽殺人事件的唯一所在。

榮譽殺人並不是當今榮譽發揮作用的唯一方式，而我在最後一章的目標是要提出方法，解析榮譽的意義，讓我們得以面對其他的當代問題。「他們究竟在想什麼？」我們問我們的祖先，但我們也知道一個世紀之後，我們的子孫也會問我們同樣的問題。誰知道他們會覺得我們哪些行爲最奇怪？美國監禁它自己百分之一的人口，並且讓成千上萬的囚犯單獨禁閉多年；沙烏地阿拉伯婦女不得開車；當今有些國家以終生監禁或死刑來懲罰同性戀；工廠化養殖（factory farm）讓數以千萬計的哺乳類和數十億的鳥類過悲慘而短暫的一生；另外還有容忍不論是已開發國家內或外的極度貧窮。有朝一日，人類會發現他們在想，不只是舊的做法錯，新的對，而且舊的做法教人十分羞愧。在轉變的過程中，許多人會改變他們的所作所爲，因爲他們羞於舊的行事方法。因此如果期望我們現在可以爲榮譽找出適當的位置，使世界更美好，或許並不算太離譜。本書的宗旨是要說明榮譽的意義，讓我們能認出它對我們每一個人一貫的重要性。

我小的時候，愛爾蘭歌手范．道尼根（Val Doonican）有一首暢銷單曲，叫做《抬頭挺胸》（Walk Tall），他唱到他「大約膝蓋這般高」時，他媽媽告訴他要「抬頭挺胸」，她還鼓勵他要「直視這個世界」。雖然我自己那時也只比膝蓋高不了多少，我卻記得這段母親的告誡怎麼打動我（雖然唱這首歌的角色因不聽媽媽的忠告而去吃牢飯）。范．道尼根的聲音很可愛，他的曲子也很動聽，但這首歌四十多年來一直留在我心頭的原因，卻是因爲它簡單明白地道出了榮譽的理想。榮譽的心理和抬頭挺胸，直視這世界息息相關。如果身強力壯有榮譽心的人都記得他們有資格受到別人的尊重，他們自然就會抬頭挺胸。我們可以看到他們的自尊，他們也可以感受到自尊在自己胸膛中鼓脹，讓他們的脊梁挺了起來。

另一方面，羞辱則讓你彎腰駝背，抬不起頭來。在我父親所用的語言阿散蒂——特維語（Asante-Twi，在西非迦納通行的語言）中，如果有人做了不榮譽的事，我們就說：「他的臉垂了下來。」而的確，羞愧的臉正是視線低垂的臉。如果說特維語中相當於榮譽的字，應該是animuonyam，包含了字根nim，意即「臉」。大家都知道中國人常說「丟臉」，而在法文和德文，就如在英文中一樣，人可以丟臉，也能保住面子。東亞、西歐和西非，三個不同的地方也有相同的說法，這意味著不論在什麼地方的人類都有這些基本的傾向。

你怎麼呈現自己的臉——不論是大膽地抬起來，或把它藏起來，並不是唯一要緊的事。我們難爲情時自然而然就會臉紅；情緒激動時淚就湧上眼睛，尤其是當我們體驗到如義憤塡膺和驕傲這種道德情感之時。在所有的事物中，我們經由臉看到其他人的感受。榮譽這麼在乎臉的表情，似乎意味著榮譽只在我們受到觀察時，會牽扯到我們的情感。但這點當然是錯的，榮譽是你完全可以憑自己體驗的事物。

回到十七世紀，笛卡兒寫到他「不得不承認，我想到自己過去讚美過這個作家，就不由得臉紅……」[1]我們想像他坐在書房裡，回想自己過去的讚美，明白自己做了可怕的錯誤判斷；這種誤判意味著他不再值得受到完全的尊敬，於是血液衝上他的臉孔。在意你的榮譽就是要讓自己值得尊重，如果你明白自己做了使自己沒價值的事，那麼不論有沒有人在看，你都會覺得難爲情。

到本書末，我會向各位讀者介紹可以稱之爲「榮譽理論」的觀念，但我認爲要達到那一點，最好的方式莫過於觀察榮譽在個人和社群生活中活動的情況，掌握榮譽發揮作用的關鍵元素。在最後一章開始之時，我會把我們一起發現的所有理論元素組合在一起。我想那是完整論述的最佳位置，因爲理論若無論述，不會有多少用處，而除非你知道爲什麼我提出某些論點，否則你無法對它們有多少瞭解……也不能確定我是不是對的。

我知道當今許多人不喜歡談「榮譽」，認爲如果沒有它，我們能過得更好（那是當你花了許多年回答：「你打算做什麼」這個問題時，提出「寫一本有關榮譽的書」這個答案之後，觀察人們的反應，所做出的結論）。但不論你是贊成或反對榮譽，我相信你都能認得出笛卡兒的難爲情和范．道尼根的驕傲這樣的情感。我們的社會創造由這樣的行爲和情感模式所維繫的準則，是人類的核心事實；榮譽心理學的核心——尊敬的施與受，已經在你身上，一如它在其他正常人身上一般，不論你是多麼的開明和進步。這就是爲什麼我們必須面對榮譽的原因之一，它運用了人類社會心理學最基本的傾向。而能瞭解我們的本性並且掌控它，當然比宣稱我們寧可與衆不同好……或者更糟的是，假裝我們根本就沒有本性。我們或許以爲我們已經放過了榮譽，但榮譽可沒有放過我們。

——克瓦米．安東尼．阿皮亞（Kwame Anthony Appiah）

於新澤西，普林斯頓

1 決鬥的衰亡

……平等是不可或缺的條件。

——《愛爾蘭決鬥實務和榮譽問題》第十四條規則

尷尬的相會

一八二九年三月二十一日早上，還不到八點鐘，英國首相威靈頓公爵騎馬抵達泰晤士河南岸的十字路口，大約在巴特西橋（Battersea Bridge）再過去半哩的位置。不久之後，他的國會同僚——戰爭大臣亨利．哈定吉（Henry Hardinge）爵士也騎馬而來，接著再過了一會兒，公爵的醫師乘著馬車來到。

這三人相互寒暄之後，醫師穿過一個小小的農舍，走進一大片稱作巴特西原野的寬闊田野。他把藏在厚重大衣裡的兩把手槍放在樹籬後方沒人看得到之處。巴特西原野向來就是紳士決鬥的知名場所，不論是誰，只要看到方才這幕景象，都會知道這究竟是怎麼回事。幾乎每一個倫敦居民都認得出公爵，他臉上的羅馬鼻和高額頭，早在二十年前他頭一回在西班牙打敗拿破崙軍隊時，就已經家喻戶曉。因此任何旁觀者會感到好奇的一定是：接下來的來者是何方神聖。

畢竟，只要有哪位紳士帶著副手，和他的醫師現了身，你就可以料到他的對手和對手的副手也會來到。這位正直的公爵、榮譽的化身、忠君愛國的典範，竟然準備要決鬥，讓人不得不揣想：究竟是誰侮辱了他的榮譽。

這個問題很快就有了答案，加入這三人的是溫奇爾西伯爵（The Earl of Winchilsea）和他的副手法爾茅斯伯爵（Earl of Falmouth）。溫奇爾西伯爵的大名是喬治・威廉・芬治—哈頓（George William Finch-Hatton，他的孫子丹尼斯 Denys Finch Hatton 就是勞勃瑞福在《遠離非洲》一片中飾演的英俊英國貴族）。溫奇爾西伯爵的名氣遠遠比不上公爵，其實他最近一、兩年積極反對英國政府對天主教解禁（英國自十六世紀宗教改革以來，就以種種形式，對天主教施加諸多限制），早就該惡名昭彰才對。他是很會鼓舞人心的演說家，也常在議會內外大放厥辭，談保護祖先信仰和傳統的必要，主張人不可能既忠於英國，又忠於羅馬教皇，是這派論調的領導人。溫奇爾西伯爵身材很高，黑髮，孔武有力。他的年紀坐三望四，比公爵年輕二十多歲。他和同樣擔任過軍官的副手法爾茅斯伯爵並轡馳騁而來，場面必然十分動人。

威靈頓公爵遠遠地站在一旁，等著兩名副手法爾茅斯和哈定吉熱烈交談。接著醫師把藏在樹籬後方的手槍裝上子彈——嚴格地說，這該是哈定吉的工作，但哈定吉在拿破崙之役中喪失了左手。另一方面，法爾茅斯伯爵則拿出他隨身帶來的兩把槍，爲其中一把裝上子彈。哈定吉爲公爵選了一個位置，走了十二步，然後教溫奇爾西伯爵就定位。威靈頓對他的位置有異議，「混帳，」他說：「不要讓他這麼靠近水溝，如果我打中他，他就會摔進去了。」①

最後，他們倆站定位置，哈定吉拿了一把手槍給公爵，法爾茅斯則拿了另一把給溫奇爾西。哈定吉退了幾步，行禮如儀之後，堅定地說：「兩位，準備好了嗎？開槍。」公爵舉起手槍，停頓了一下——很顯然是因爲伯爵並沒有做任何準備，接著他開了火，溫奇爾西並沒有受傷，接著溫奇爾西伯爵從容不迫地把手槍高舉過頭，朝著天空開火。

威靈頓的醫生後來敘述雙方副手接下來的行動：

公爵保持原來的位置不動，但法爾茅斯和溫奇爾西伯爵立刻朝哈定吉大人走來，法爾茅斯大人向他說：「溫奇爾西大人在歷經公爵的槍火之後，立場有了改變，現在他認為自己願意按公爵之意做出補償。」

法爾茅斯是遵循當時的慣例，所有的溝通都得經由副手傳達。而身爲公爵副手的哈定吉爵士有回答的義務。因此經過幾秒鐘緊張的沉默之後，哈定吉說：

「公爵希望道歉要有足夠的誠意，並且要徹底承認他先前發表的指控是錯的。」

法爾茅斯伯爵答覆說：「我所謂的道歉，是指意義最廣泛，而且每一個字都真心誠意的道歉」；接著他由口袋中拿出一張寫了字的紙，上面有他說是溫奇爾西大人承認他錯了的文字……」②

經過再進一步熱烈的討論和醫師提出的修正之後，雙方都同意略經修改的法爾茅斯道歉函版本。

公爵走了過來，向兩位伯爵鞠躬，而顯然非常不情願參與這整個過程的法爾茅斯解釋說，他一向都覺得溫奇爾西伯爵大錯特錯。哈定吉則表示，他覺得如果法爾茅斯這樣想的話，就不該擔任溫奇爾西伯爵的副手；法爾茅斯再一次試圖說明自己的立場——不過這回是對公爵，此時公爵打斷了他的話。「法爾茅斯大人，」他說：「這些事情和我沒什麼關係。」接著他抬起兩根手指頭按著帽簷說：「再會，溫奇爾西閣下，再會，法爾茅斯閣下。」然後上馬。

在探討這段惡名遠播的決鬥片段及其反應之時，我們也可以瞭解英國十九世紀上半期榮譽文化的改變。決鬥在英國之死——三個多世紀以來決定紳士名流性命的這種做法爲什麼會消失，是我想到探討的第一個道德革命，而威靈頓公爵和溫奇爾西伯爵在巴特西原野的這次交鋒，讓我們得以見證促使它完結的一些壓力。

憲法的挑戰

這次決鬥的起源在於溫奇爾西伯爵大肆反對威靈頓公爵在上議院推動的一項法案：天主教解放法案（Catholic Relief Act），讓天主教徒在一百五十多年來首度可以進入英國國會，行使國會成員的工作與職權。一年前，一八二八年六月，愛爾蘭愛國人士兼天主教協會（The Catholic Association，以改善天主教徒在愛爾蘭的處境為職志）的創辦人丹尼爾．歐康納爾（Daniel O'Connell, 1775-1847）被選入英國國會，由於他在愛爾蘭很有人望，他的主張很受愛爾蘭人支持，因此他能進入在倫敦的國會，就能在國會中代表愛爾蘭人發聲。但由於他是天主教徒，不能進入下議院（當時英國國會限制議員的宗教），除非他願意按如下的語詞宣誓：「如現今羅馬公教所奉行的，祈求或崇拜聖母瑪利亞或任何其他聖人，以及彌撒聖祭（天主教最崇高的祭禮），都是迷信和偶像崇拜……」但顯然任何自尊自重的天主教徒都不可能發這樣的誓，而阻擋天主教徒進入英國國會，也正是這段誓詞的目的。而這種遭到議會排除的困境，反映出信奉天主教的愛爾蘭人，在他們自己國家中所遭遇其他方面的困境。愛爾蘭國民的情緒高漲，反應遠遠超過這個問題，甚至有些地方還有內戰的呼聲。

就如大部分保守黨人，包括在下議院推動此法案皮爾爵士（Sir Robert Peel, 1788-1850，英國政治家，曾兩度擔任首相）一樣，威靈頓公爵原本也反對天主教解放，而皮爾和威靈頓兩位政治家都不會隨意改變立場，他們之所以改變了看法，自然有其理由。威靈頓公爵在愛爾蘭出生，年輕時曾任愛爾蘭國務大臣（Chief Secretary for Ireland），特別能夠領會這島上問題重重的微妙情勢。如他在上院二讀法案時所說的——許多人都認爲這是他國會生涯中最精彩的一場演講：他改變自己在天主教解放方面的立場，是因爲，愛爾蘭已經瀕臨「內戰邊緣」，而這位首相對著內閣閣員的歡呼聲又補充說：「我必須說——如果我可以藉著任何的犧牲，來避免我所歸屬的這個國家發生內戰，即使只是一個月也好，我都會犧牲自己的性命，來達到這個目的。」③

然而喬治．威廉．芬治——哈頓——第十代溫奇爾西伯爵卻在法案快要三讀通過之際，一口咬定威靈頓公爵此舉是密謀破壞新教徒憲法，而且大肆宣揚這樣的觀點。一八二九年二月，溫奇爾西伯爵曾呼籲他的「新教徒兄弟！……勇敢地站出來捍衛我們的新教徒憲法和宗教……」因爲「墮落的參議員準備要在叛逆和造反的殿堂上，犧牲我們的祖先曾如此高尚地爲它奮鬥犧牲的憲法。」他呼籲國人向國王和國會請願，並謙遜地簽下自己的名字，是他新教徒兄弟「謙遜而忠實的僕人」，而在傳單上，他的簽名可沒有那麼謙遜，因爲他正好也是第五代諾丁罕伯爵，因此他簽的是「溫奇爾西和諾丁罕」。

三月十六日，大約就在法案最後通過前一週，溫奇爾西伯爵在寫給《標準報》（*the Standard*）的投書上，更明白地攻擊威靈頓公爵。他聲稱這位首相提供財務支援，成立倫敦國王學院，以平衡最近成立的世俗大學（非宗教學府）倫敦大學，其實是個假象，公爵參與這個浮誇的新教徒計畫是個「幌子」。溫奇爾西伯爵說，公爵這樣做，是爲了「披著新教徒宗教熱忱的外衣」，「進行他危害我們國人自由的陰謀，把羅馬天主教會引進國家的每一個部門。」④

沒有人能質疑溫奇爾西伯爵對英國教會的熱忱。一八二一至一八五九年樞密院大臣查爾斯．葛瑞維爾（Charles Greville, 1794-1865）就形容他是「置個人輕重於度外，但是教會和國家堅定支持者。」⑤不過他指控這位對抗拿破崙的戰爭英雄，「歐洲的救主」，滑鐵盧勝利的大功臣，說他掩飾自己眞正的信仰，背叛憲法，這種話未免太教人匪夷所思——這是聽到這種話的倫敦顯貴政要可能會有的評語。

威靈頓公爵可能因到溫奇爾西伯爵的公開指責而感到氣惱，他堅持要伯爵道歉……後者拒絕了，因此三月二十日，公爵發了一封抗議函，信中說：「難道國王的大臣要接受任何自以為可用無恥或罪惡的動機來闡釋他個人行為的侮辱？」他也馬上提供了答案：「我無法質疑自己對這問題該有的答案。閣下該為結果負責。」他堅持溫奇爾西伯爵要給他「一位紳士有權要求，而另一位紳士也絕不會拒絕施予的滿足」。⑥第二天一早，公爵和伯爵就和他們的副手在巴特西原野見面。

幾週後，天主教解放法案獲得喬治四世的認可，因此得到了法律效力。傳說反天主教的國王在簽署法案時落了淚，但他不得不簽，因為威靈頓威脅要辭職。

他是怎麼想的？

這就是威靈頓公爵挑戰的背景。但現在不妨想想其他的細節。公爵本人向來對決鬥一事不熱中。老實說，他在這方面和當時的軍官並不相同，而且雖然他戰功彪炳，但他從前從未，後來也再沒有決鬥過。雖然他本人在對抗拿破崙的戰爭中擔任戰地指揮官，但他顯然認為如果徹底禁止決鬥，恐怕會損及英國軍人的榮譽。但在一八四三年，也就是在他自己決鬥之後的十四年，依舊擔任總司令的他頒布了修正的《戰爭條例》，嚴禁各軍種的軍人決鬥，否則處以重刑。這項修正是經包括維多利亞女王摯愛的夫婿亞伯特親王（Prince Albert）在內，許多名流遊說的結果。公爵後來成了反決鬥協會的著名會員。

其實決鬥是不合法的。如威廉・布萊克史東爵士（Sir William Blackstone, 1723-1780，英國法學家）一七六〇年代在《大英法律注釋》(*Commentaries on the Laws of England*)中所言，英國的普通法對決鬥者及其副手「很公正地訂定了殺人罪名及刑罰」，因為他們「虛耗了自己的性命，以及其同胞生物的性命」。⑦教會法和基督道德教誨同樣也反對決鬥。

接著還有政治方面的意涵。如果威靈頓公爵被殺死，那麼國家與國王都會在憲政危機中，因為攸關這危機成敗的不合法行為，而損失了首相。對已經動盪不安的社會，再沒有比像這樣的事件更教人於心不安的事件了。而若威靈頓公爵殺死了溫奇爾西伯爵，那麼公爵就得在上議院面前因殺人而受審，一如一八四一年卡地根爵士（Lord Cardigan）在決鬥時打傷杜柯特隊長（Captain Tuckett）一樣，他們的爵位都遭到褫奪。⑧至少他得辭去內閣的職位，一如二十年前兩位安格魯—愛爾蘭的政壇人物坎寧（Canning）和卡斯勒瑞（Castlereagh）在決鬥之後得分別辭去外交大臣和戰爭大臣之職一樣。不論如何，上議院能否順利通過天主教解放法案，都值得疑惑。

要是必須審判，諸位貴族就得面對困難的抉擇。法國大革命，以及一七九三年處決法王路易十六及其王后，已經使歐洲各國揚起共和大旗，雅各賓黨（Jacobin Club，雅各賓俱樂部，法國大革命時期激進共和主義者組成的政治團體）在法國各地宣揚自由平等的新觀念，很快地也吸引了英國信徒。在十八、十九世紀之交，英國政府必須定期設法壓制雅各賓主義的威脅，以免他們煽動人民不只反抗國王，而且反抗貴族，或任何繼承的特權。

威靈頓公爵在滑鐵盧打敗拿破崙之後，英國有一段時期失業率甚高，又因所謂的穀物法（Corn Laws，一八一五至一八四六年強制實施的進口關稅），防止價格低廉的穀物進口，使經濟情況益發惡化。這些法令保障英國栽種小麥等農作物農夫的經濟利益，但卻使窮人的食物花費大增。統治階級對升斗小民的痛苦毫無所覺，刺激人民爭取激進的改革。一八一九年，逾五萬名男女聚集在曼徹斯特的聖彼得廣場要求國會改革，地方官員下令民眾解散，但人民不予理會，於是威靈頓公爵代表的軍方出動鎮壓平民，殺死了十多名男子和三個女人，其中有一半是被軍刀砍倒，再遭踐踏而死，這場屠殺名喚「彼得盧大屠殺」（Peterloo），刻意以之與威靈頓公爵最偉大的勝利「滑鐵盧」相提並論。

於是，在一八二九年，正當國會在為天主教解放法案辯論之時，許多國會議員和全國民眾都希望能有更實際的改革，但卻因國會成員大半是毋需選舉的貴族，無法代表人民，而受到阻礙。在面對爭取改革決心高漲的下層平民之際，恐怕不能輕輕放過一個貴族破壞安寧平靜的行徑，而雖然他的同僚極不可能會不寬恕他，但若他們眞的這樣做，也只好把這燙手山芋丟給國王去做，因為要處決威靈頓公爵是絕不可能的。

總而言之，決鬥根本不是威靈頓公爵的意圖，而且這違反法律，不符合基督教的訓誡，更不用說，缺乏政治的智慧。那麼為什麼這位國王兼英國教會領袖的重臣，要在這麼一個冷冽春日的清晨八點，跑到巴特西原野上去？他究竟是怎麼想的？一如那一小群好奇的旁觀者所能告訴你的一樣，亞瑟・威爾斯利（Arthur Wellesley）、巴斯騎士、威靈頓杜羅男爵、塔拉維拉和威靈頓的威靈頓子爵、威靈頓伯爵、威靈頓和杜羅侯爵，以及威靈頓公爵（這是他所有的頭銜）是在保衛他身為紳士的榮譽。

尊重的各種形式

根據當時的社會規範和威靈頓公爵那個階級的行爲法則，身爲紳士，公爵有權受到其他紳士的尊重，而溫奇爾西伯爵公開指責他虛僞，就是明目張膽地侵犯了他的特權。如此說來，尊重的核心就是這個簡單的觀念：榮譽就意味著受到尊重的權利。

但尊重究竟是什麼意思？美國當代著名哲學家史蒂芬・達沃爾（Stephen Darwall，耶魯大學哲學系教授）最近界定了我們尊敬他人的兩種方法，他稱第一種爲「評價的尊重」（appraisal respect），也就是根據某個標準，對他人所做的正面評價。而根據標準的好表現，往往意味著要比大部分人都做得更好，我們尊重網球名將納達爾（Rafael Nadal）的球技，或者梅莉史翠普（Meryl Streep）的演技，採取的就是這方面的意思（我會常用「敬佩」來形容這樣的尊重）。在這方面，威靈頓公爵的表現也並不平凡，身爲軍人，他在軍事方面的成就已經達到最高的水準，他爲此得到的榮譽都是眞槍實彈經過競爭而來：因爲他表現得比其他人都傑出，才能得到這樣的成績。他的許多頭銜都是因爲人們尊敬他的這些成就而得來的。

但還有另一種尊重：「認可的尊重」(recognition respect），也就是(用非常抽象的說法）按照人們的一些事證，而恰如其分地對待他們。在我們尊重有權力的人，比如法庭中的法官，或者當我們駕車在外見到警察之時，必然會小心翼翼地對待他們，因爲他們有能力迫使我們做事。我們的尊敬「認可」了他們的力量。但我們也可能尊重敏感的人，因此對他輕言細語；或者尊重殘障人士，在他們求助時協助他們。換言之，這方面的尊重並不需要你特別敬佩他們的表現。

由於我們可以認可並回應許多種不同的事證，因此認可的尊重就會有形形色色的情感差異，可能會帶來正或負面的態度。比如羅馬皇帝卡利古拉（Caligula，即 Gaius Caesar Augustus Germanicus，西元一二—四一年，爲羅馬帝國第三任皇帝，後世常稱其外號卡利古拉）說：「Oderint dum metuant——只要人民恐懼，就讓他們恨我也沒關係」，他表達的是得到某種尊敬的卑鄙喜悅，只是這種尊重並非隨榮譽而來的正面尊重。

因此和榮譽息息相關的「認可的尊重」，不只是「按照人們的一些事證，恰如其分地對待他們」而已，還必須要有某種正面的態度，特別是在當今我們思考這個問題之時。其實我認爲這個態度正是在我們敬佩某人時所展現的態度。因此下面我談到認可的尊重之時，指的就是對此人所認可事證的正面想法，雖然這種想法也出現在敬佩的範圍之內，但我們接下來會看到，在區別和不同尊重所相關的不同判斷基礎上面，它同樣也舉足輕重。

這兩種尊重——敬佩和正面認可的尊重，和兩種榮譽互相呼應，一種是競爭的榮譽，按照程度區別；還有一種是我們所謂的「同儕榮譽」，主宰了同輩之間的關係（這是一種觀念上的差別，但在實際的情況下，這兩種榮譽未必能區分得十分明確）。同儕榮譽沒有程度之差，不是有，就是沒有。

英王亨利五世（Henry V, 1387-1422 年），也就是莎翁筆下的哈爾王子（Prince Hal），因爲出生於王室，天生就受人尊敬，但他對自己在軍事上的英勇無畏而獲得在競爭上的榮譽更爲自豪。比如在艾金科特戰役（Agincourt，西元一四一五年英軍在法國艾金科特獲勝的著名戰役），他的軍隊以小搏大，打敗法軍，獲得傳奇勝利（「因爲身爲軍人，／最適合我的是赫赫聲名，」在《亨利五世》第三幕第三景中，他如是說）。十五世紀的戰士國王不只要治理他的疆土，而且要領導他的軍隊，他不勞而獲天生的王室榮譽必須要靠他爲自己爭來的戰績相輔相成才行。

騎士文學中經常提到這種好戰尙武的理想：比如一直到二十世紀，英國上流社會男生教育必教的亞瑟王圓桌武士故事中，就有許多這樣的例子。這些故事最早的文學版本，是湯瑪斯．馬洛禮爵士（Sir Thomas Malory, 1405-1471，英國作家）可能在一四五〇年代關在倫敦塔（亨利五世之子亨利六世亦被監禁其中）爲囚時開始寫作的《亞瑟王之死》（*Morte D'Arthur*），其中的騎士崔斯坦（Sir Tristram）就說他是因爲「對我的國王叔叔馬克之愛，對康瓦耳之愛，以及增加我的榮譽」而戰。⑨而的確，莎翁的亨利五世也在劇中最知名的演講，艾金科特之役的開始時說：

……如果渴盼榮譽是罪

那麼我就是最罪大惡極的靈魂。（第四幕第三景）

然而競爭的榮譽，也就是崔斯坦爵士、哈爾王子，和威靈頓公爵在戰場上的彪炳戰功，並非決鬥能保衛的榮譽。威靈頓向溫奇爾西伯爵挑戰，要和他決鬥，就等於是把他當成紳士，這種行爲已經展現了認可的尊重：他對待溫奇爾西的方式，就已經是（當時社會標準認爲）視伯爵爲紳士，而反過來說，威靈頓雖然擁有絕對「評價的尊重」，堪稱當代最成功的軍事將領（以及最偉大的政治家），但他向溫奇爾西要求的，只是對任何紳士都有的認可，是同儕之間的尊重。

同儕之間的尊重，在身分地位相當的人之間，不是有（如果遵從法則），就是沒有（如果不遵從法則）。十八和十九世紀初英國的紳士相互之間該表現的尊重，也就是這種同儕的尊重，不是出於敬佩，而是出於認可。你對一位紳士該有的禮儀，就像對所有其他紳士一樣，假如你有恰當的社會地位，那麼身爲紳士的你該得到的尊重，你的紳士榮譽，就該和其他紳士一樣，不論你是像威靈頓公爵那樣戰功彪炳，或者是普通的鄉紳地主。

我們必須要瞭解的是，雖然榮譽是獲得尊重的前提——如果喪失這個前提，恥辱就隨之而來，但榮譽之人首先關切的不是受到他人的尊重，而是要「值得」他人的尊重。光是想受尊重的人，並不在乎自己能否做到榮譽的法則，只會希望別人「以爲」他做到了就夠了，他這樣只是在管理自己的名譽，卻不是維護自己的榮譽。要榮譽，必須「瞭解」榮譽的法測，並且依據它行事：這是人類學者法蘭克・韓德森・史都華（Frank Henderson Stewart）爲「榮譽感」一詞所訂的先決條件。[10] 對重視榮譽的人來說，重要的是榮譽本身，而不是榮譽的報酬。在你達不到榮譽法則的標準時，就會覺得自己可恥，而且也會感受到這種羞辱，不論其他人是否知道你有沒有做到——就如笛卡兒一樣。

恥辱是因個人不榮譽之行爲而產生的感受（由於榮譽和恥辱之間的這種關係，因此我們在描述特別不榮譽的人時，就說他們無恥）。如果你違犯了榮譽的法則，那麼其他人的頭一個反應就是不再尊重你，接著是刻意地以不尊重的態度來對待你。我們對做出可恥之事者的感覺是輕蔑，而本書也會用到「蔑視」（contemn）一詞，表示一方面輕視，一方面也以輕蔑的態度來對待他人。就如「重視」意味著看重並且以尊重的態度對待他人一樣。

有榮譽感（或者以榮譽的方式行事）的人該有什麼樣的感覺，是比較複雜的問題。驕傲是恥辱的反義詞，因此你或許會以爲這會是榮譽行爲的正確反應，但其實唯有在你做了特別傑出的事後，才該有驕傲的反應，而有榮譽感的人往往只是覺得他做了他該做的事而已。如果你眞正有榮譽感，那麼你對於達到自己的標準，所產生的感受應該就和你呼吸一樣尋常。榮譽的存在，應該是視榮譽法則爲當然。

此外，因有榮譽感而驕傲還有一個困難在於，謙虛也是榮譽法則的一部分。我會在第二章討論到爲什麼驕傲和榮譽的關係遠比恥辱和榮譽的關係更複雜，至少在基督教世界是如此，也就是說，我們的道德標準對驕傲（或我們不贊同時所稱的「虛榮」）一向抱持敵視的態度，這種對立可以追溯自斯多噶學派。⑪亨利五世在接獲艾金科特的大捷報時，就一眼看出這個問題：「在我們的地主之間宣布／要吹噓這場戰役或向上帝搶功的必死無疑／這戰功是唯他獨有」（第四幕第八景）。

但其他的社會——比如在遙遠過去的古希臘，或我所成長的西非地區阿桑提（Asante，迦納最大的少數民族部落），甚至在現在，都認爲驕傲和吹噓是隨榮譽而來的自然產物。⑫我父親的語言有一句俗諺說：「人的榮譽就像蛋，如果不抱好，就會摔下來破掉。」確定你抱持著自己的榮譽，就等於要提醒別人你知道自己的價值。在希臘史詩《伊里亞德》（*Iliad*）中，主角阿奇利斯（Achilles）雖然不帶情感地說了如下的這段話，卻無損於他的榮譽：

看哪，你們看到我多麼英俊有力？

我是偉大人物的兒子，
賜我生命的母親是不死的女神。⑬

但在威靈頓公爵的世界裡，這種吹噓可就不像紳士。你的價值應該是由行為表現，而不是靠自吹自擂。對他來說，對自己榮譽的適當情感反應不是驕傲，而只是自尊。前面說榮譽的人在意的是榮譽本身，而非因被視為榮譽而得到的社會報償。當有其他人旁觀之時，恥辱（和驕傲）這樣的情感的確會增強，然而榮譽要我們不只是為了名聲或其報償，而是為了榮譽本身，來達到它的標準。若是以名聲為目標而行榮譽之行，就是抄不榮譽的捷徑。

這就是為什麼誠實對榮譽如此重要之故（Honestus 這個拉丁字既表示「誠實」，亦意味「榮譽」），指控別人說謊就是決鬥的主要原因之一。好的名聲能帶來實質的報償，因此雖然並沒有真正值得好名聲的行為，卻一心想要得到好名聲的誘惑也很大。或許也因此，失去尊重的懲罰——包括輕視和最後的遭到摒棄，也很嚴重。

威靈頓遭到溫奇爾西指控說他不誠實，說他想要把錢捐給新教徒機構的做法，不過是誤導大衆，掩護他支持天主教的事實。如果威靈頓公爵眞的是如溫奇爾西指控的那樣，那的確非常可恥。道德的法則要求，一旦你遭到這樣的指控，就必須澄清自己的名譽：你必須證明那不是眞的，而這樣做的第一個方法，就是要求並且得到對方的公開道歉。如果對方不肯道歉，那麼同一項道德法則就要你向指控者提出挑戰，要求決鬥；這就能證明，在其他的事項之外，你寧願以性命來爲自己背書，也不願意被人當作做了不誠實的事而恥辱。

決鬥同樣也顯現了一個有點尷尬的混合物，一方面是關切，另一方面是値得被關切。決鬥的起因可以說是輕視：這是不尊重的展現，但如果你値得別人的尊重，那麼爲什麼光是某人不尊重你那麼重要？難道重要的不該是他們的不尊重有其理由，而溫奇爾西伯爵顯然沒有理由？答案是，在威靈頓的世界，紳士的法則在於，要値得人家的尊重，你必須願意回應這樣的輕視。榮譽之人必須準備捍衛自己的榮譽——或者冒自己生命的危險，去保證他得到該得的尊重。威靈頓和溫奇爾西兩人都認爲，藉著決鬥，他們就能捍衛他們的榮譽。

榮譽世界

受尊重，當然是指受別人的尊重。由於榮譽和受尊重之間在觀念上的連結，因此我們可以問究竟遭到威脅的是誰的尊重，通常不會是一般人的尊重而是某個特別的社會群體的尊重，我們姑且稱為「榮譽世界」：一群認可相同法則的人。莎士比亞的角色亨利五世，就像他真正的歷史典範一樣，並不在乎農民的意見：他預期他們會服從，而無疑地他們對他的評價也很高。但他的確期望他們要尊重他，並且以尊敬的方式對待他。另一方面，他根本不在乎如遠方的撒拉遜人（Saracens，指居住於敘利亞和阿拉伯沙漠中的遊牧民族）這樣的陌生人尊重他與否，天知道，他們說不定根本不懂他所秉持的道德法則。

說人有榮譽就等於是說，根據他們榮譽世界的法則，他們有權受到尊重。但如果你自己不接受這些法則，而說某人有榮譽，就會造成混淆。在這樣的情況下，最好是說他在這樣的榮譽世界中受到尊重。不過如果你我都有共同的法則，那麼我們就不必以此種方法用相對論的原理闡明。在共同的榮譽世界，說：「我們尊重他」，和說「他有榮譽」，其實有異曲同工之妙。

在考量威靈頓的榮譽世界和其規範之時，我們應該注意的是，在威靈頓之前擔任首相的十個人之中，有三人——謝爾本勛爵（Lord Shelburne）、小威廉皮特（William Pitt the Younger），和坎寧都曾經參加過決鬥，查爾斯・福克斯（Charles Fox）和巴斯伯爵（Earl of Bath）兩位差點當上首相的人也決鬥過，另外，最後繼威靈頓公爵擔任首相的皮爾，也願意接受決鬥的挑戰。⑭在這些事例中，最惡名昭彰的是坎寧在一八〇九年和同爲閣員的卡斯勒瑞決鬥，此事導致兩人都辭去公職，但卻未影響其仕途，兩人在政壇上都有更好的發展：卡斯勒瑞在一八〇九年開始擔任十年的外交大臣，帶領英國盟軍打敗拿破崙；坎寧則繼他之後擔任外交大臣，並在一八二七年擔任爲期數個月的首相。

參與威靈頓—溫奇爾西決鬥的人，也無人受任何懲處。溫奇爾西和法爾茅斯似乎都沒有太多的豐功偉業，因此我們能有的證據恐怕就是他們並沒有遭到告發；而威靈頓繼續擔任首相，而哈定吉也成爲印度總督，最後在一八五二年回到英國，繼威靈頓公爵之後成爲英軍指揮官，這也是幾年後他在克里木戰爭（Crimean War，亦稱東方戰爭，因英、法、俄爭奪近東霸權，所導致俄與英、法、土耳其、撒丁王國之間的戰爭）所擔任的職銜。

對新成立的美利堅合衆國政治菁英，這場決鬥也很符合他們的口味。美國的文化原本就是英國的分支，就在四分之一個世紀之前，一八〇四年七月，美國早期赫赫有名的兩位政治人物亞歷山大．漢米爾頓（Alexander Hamilton）與亞倫．波爾（Aaron Burr）站在新澤西的威霍肯高地（Heights of Weehasken）上，舉行了一場致命決鬥。致命，是對漢米爾頓而言，他是《聯邦黨人文集》（*Federalist Papers*, 1788）的作者之一，迄今這本文集依舊界定美國憲法的精義；他也是前美國財政部長。波爾則是當時的副總統。漢米爾頓的早逝——他還不到五十歲，是當時的大醜聞。然而，波爾雖在新澤西和紐約州都遭控殺人之罪，卻從未眞正受審，而且安然做完副總統任期，雖然許多人對他的所作所爲都不以爲然。

波爾殺人，在英國就像在新澤西一樣是犯罪，但他並沒有受到法律的懲處，這點在英國人看來也沒什麼可大驚小怪，其實在威靈頓和溫奇爾西於巴特西原野決鬥之前的一世紀，幾乎從沒有聽說有哪一位英國紳士因爲在決鬥中殺害了對手而遭判刑的事例。⑮如果眞的有一方殞命，那麼標準的做法是讓另一方到國外去避風頭，等等看是否會遭起訴，如果沒有，大可以悄悄回國，照常忙自己的事。如果遭到起訴，而你的表現又得宜，那麼你盡可能把事證提供給由同儕組成的陪審團，通常法官都會同情你，而就算他不同情，陪審團依舊很可能宣告你無罪。要是在極不可能發生的情況下，你竟然遭判有罪，要執行死刑，法庭的人脈也往往能讓你獲得赦免。決鬥其實是殺人而能無罪開釋的一個好方法。

這並不是因爲當局對死刑愼重其事，不願隨便執行之故。在十八世紀任何一年，在英格蘭和威爾斯都有約百件死刑執行，在世紀中葉，光是在倫敦的泰伯恩（Tyburn）行刑場，每年就有三十個以上的公開處死。名流紳士，甚至上議院議員的死刑，也所在多有：一七六〇年，費洛斯（Ferrers）伯爵就因殺人而在泰伯恩刑場吊死。不，決鬥者未被判刑的原因，是官方的法律規範和當時英國菁英的社會共識牴觸之故。

的確，自威靈頓年輕以來，決鬥的頻率必然有增加，一方面是因爲十九世紀之初戰事頻仍，約有五十萬英國子民都參與了路易十六於一七九三年遭處決之後，一直到一八一五年滑鐵盧之役⑯的英法戰爭，由歐陸回來的軍官滿心都是軍人的榮譽文化。

法則的改變

威靈頓公爵決鬥的行為反映出始於十六世紀義大利的慣例，並且在如《愛爾蘭決鬥法則》等文件中成為法條。《愛爾蘭決鬥法則》是「一七七七年在克朗梅爾（Clonmel）夏季立法會議中，由提波勒瑞（Tipperary）、蓋爾威（Galway）、梅約（Mayo）、史利戈（Sligo）和羅斯康曼（Rocommon）等地的紳士代表議定，通令全愛爾蘭一體遵行」，這法則亦稱「二十六誡」（twenty-six commandments）。⑰威靈頓的挑戰由副手哈定吉爵士送去，哈定吉是使威靈頓公爵聲名大噪的葡萄牙及西班牙戰役老將，他去提出挑戰時，只要提到有位紳士要求滿足，對方就能明白他的意思。哈定吉派了馬車去接威靈頓的醫生約翰．羅伯特．休姆（John Robert Hume），但並沒告訴他為什麼請他來（這也是慣例，因為決鬥是非法的，如果告訴他，萬一情況不妙，醫生就可能會遭共犯之罪起訴）。因此等醫師抵達時，如他後來告訴威靈頓公爵夫人的說法，他發現他的病人準備開槍殺人和被殺，當然大驚失色。不過威靈頓公爵哈哈大笑對休姆說：「我敢說你沒料到要你來的人是我。」醫師答道：「的確，大人，我絕料不到你竟然會在這裡。」⑱

在哈定吉喊出：「兩位，準備好了嗎？開槍。」之後，所發生的情況究竟該作如何的詮釋，有一點爭議。我們已經知道，威靈頓先開槍，有些人說他故意瞄得不準，但很難說他究竟有沒有射中伯爵的意圖，因爲當時決鬥用的手槍不太可靠，更何況他雖是名將，但顯然自己動手開槍的機會並不多。

這個時期英國仕女貴婦的書信往來，則有許多關於公爵在打獵時意外事故的慰問。帕默斯頓夫人（Lady Palmerston）於一八二三年一月十六日由傑西（Jersey）伯爵暨夫人所居的密道頓（Middleton）寫信說：「公爵在惠斯泰德（Wherstead）運氣不佳，他在葛蘭威爾（Granville）大人的臉上打了九槍，幸好沒打中他的眼睛，因爲他疼痛難當……」[19]（你可能覺得該說運氣不佳的是葛蘭威爾才對。）而法蘭西絲（Frances）雪萊夫人（Lady Shelley）則細述威靈頓公爵有一天在打傷了一隻狗，又打中獵禽看守人的綁腿之後，打中了一個笨到正在敞開的窗戶邊洗衣服的老媼，「我受傷了，夫人。」雪萊夫人答道：「我的好太太，這該是妳一生中最驕傲的時刻。妳竟有榮幸遭偉大的威靈頓公爵射中！」[20]

不過威靈頓公爵開火之後所發生的情況，倒沒有什麼爭議。如我們所見，溫奇爾西伯爵以槍對天朝頭上開了一槍，沒有人會覺得那是瞄準首相開的槍。這種做法稱作對空鳴槍（deloping），意味著他希望決鬥不要再繼續。

決鬥時對空鳴槍的做法頗有一些爭議。在愛爾蘭決鬥法則的第十三條明文規定：「不論在任何情況下，都不得亂打或對空鳴槍。」接著也很明白地解釋了原因：「挑戰者不該在沒有受辱的情況下提出挑戰，而受挑戰者的一方，如果的確冒犯了人，也必須在上場之前道歉：雙方都不得兒戲，是故這些行為應禁止。」㉑不過愛爾蘭的紳士提出嚴重抗議，對空鳴槍的重點非常明確，一名紳士現身決鬥，表示他願以死來捍衛自己的榮譽，這就足以符合榮譽的標準。只是雖然願冒生命危險可以表示你在乎榮譽，但眞正為你的榮譽而殺人，只能表示你是個好槍手，或至少是幸運的神槍手。願意冒險，卻不肯保衛自己，更能證明此人的勇氣。

其實溫奇爾西伯爵在決鬥前一晚已經寫信給副手法爾茅斯大人，說他會對空鳴槍。而也因為法爾茅斯事先有了這層瞭解，才願意參與其事，因為（和其他大部分的人一樣）他覺得溫奇爾西應向威靈頓公爵道歉。溫奇爾西寫道：「在開了第一槍之後，我就會提出那時才能提出的遺憾後悔。」雖然他在同一信中表示，他不該發表那封信，但他又堅持說，他不能依哈定吉爵士所提議的方式道歉，因為那「會使我遭到責難，讓我的餘生

毫無意義。」㉒

他會遭到什麼樣的「責難？」他提到哈定吉，可以給我們線索。因此一旦哈定吉代表威靈頓致函溫奇爾西，就表示他受命擔任威靈頓的副手，而只要這樣的情況一發生，溫奇爾西伯爵如果避開決鬥，就意味著他已經道歉。不過在決鬥之後，法爾茅斯大人卻對休姆醫師提出了另一種解釋。他說，溫奇爾西「如果不先挨公爵的一槍，就無法做出符合他榮譽性格的適當道歉。」㉓如此說來，溫奇爾西覺得，即使他錯了，道歉依舊是不榮譽的；而迫使公爵和他決鬥，被公爵打中，鳴空槍，然後再道歉，則否。簡言之：因為他誣指了威靈頓公爵，因此他覺得自己欠這位首相射他一槍的機會。

如果他真的這樣想，那麼有些和他同代的人就覺得他的做法並非完全合適。拜倫爵士（Lord Byron, 1788-1824，英國浪漫派名詩人）的好友，同時也是激進的國會議員約翰．坎姆．霍布豪斯（John Cam Hobhouse, 1786-1869）在回憶錄中就寫道：「我認為如果被指責的人沒有先挨兩槍就結束決鬥，未免不太公平；而在那事件發生之後的週一，下議院議長在他的圖書室和我談到這個事件時，說他認為溫奇爾西大人無權對空開槍，而應接受公爵的第二槍……重點是，雙方都沒有因這個事件而獲益。」㉔這場決鬥教人困惑之處是，就連溫奇爾西和法爾茅斯對他們自己在做什麼都沒有一致的說法，他們圈子裡的其他人對究竟什麼樣的行爲合適或不合適，也沒有一致的看法。榮譽法則不再能發揮它應有的效力

傳統的反對意見

英國社會對決鬥既有不同的看法，不妨讓我們思索一下究竟是出於什麼樣的考量，使法律和傳統的基督教道德觀念反對這種做法。現代歐洲決鬥行爲的源起，是出於「司法決鬥」（judicial combat），也就是軍隊領導階層，階級在扈從之上的紳士，只要取得如勃根地公爵或君主等重要封建領主的許可，就可以藉著武器交鋒，來解決法律上的紛爭。

教皇老早就對這種決鬥判決的做法表示異議：九世紀中葉，教皇尼古拉一世（Nicholas I）就致函神聖羅馬帝國的禿頭查理（Charles the Bald, 823-877）譴責此種行爲；㉕天主教的特倫托會議（The Council of Trent，或譯天特會議，羅馬教廷於一五四五至一五六三年在北義大利的特倫托召開的會議）也特別在一五六三年宗教改革尾聲時，在最後一次

會期強烈譴責「可憎的決鬥惡習，這種由魔鬼發明的做法，藉著肉體血腥的死亡，來達到毀滅靈魂的目的……」㉖這種做法的假設條件是，上帝會讓勝利歸於正當有理的一方。

教會最先反對的是這樣的戰鬥，反對的一個原因是聖經的道德觀。在路加福音第四章第九至十二節，魔鬼領耶穌到耶路撒冷，叫他「站在殿頂上」，「對他說，你若是神的兒子，可以從這裡跳下去。」

因為經上記著說，「主要為你吩咐他的使者保護你．

他們要用手托著你，……」

耶穌對他說，經上說，「不可試探主你的神。」

耶穌是引述申命記第六章第十六節的話，這段文字提到的是，以色列人聲言如果摩西不能讓神由沙漠中變出水來給他們喝，就要用石頭打死摩西。在這裡，試探神就意味著要強迫神行事。而在司法決鬥之中，封建領主和他允許交鋒的決鬥雙方就是以類似的方式在試探神。

不過更明顯的反對理由，是決鬥違反了第六誡（或者是天主教或路德派的第五誡）：汝不可殺人。為了榮譽而決鬥，是刻意殺死冒犯你或遭冒犯的人，由基督徒的觀點來看，這兩者都不足以做為殺人的理由。

這些反對司法決鬥的理由也延伸到現代的決鬥。其問題在於，基本上，決鬥是因為A冒犯了B的榮譽，但——假設上帝不出手干預，其結果卻和A或B有沒有錯毫無關係。在冒犯的理由是指責對方說謊時，這個問題更加明顯。在莎翁劇本《皆大歡喜》（*As You Like It*，約寫於一六〇〇年）中，小丑金石（Touchstone）嘲笑決鬥的錯綜複雜，他詳細說明他和「某位朝臣」之間的爭吵，其源起是因他藐視了朝臣的鬍子，經過七個階段，朝臣終於指控小丑說謊（第五幕第四景），雙方不得不決定決鬥。然而決鬥無助於澄清眞相：而願意回應謊言的指控，下決鬥的戰書，只顯示出你願意拔劍支持你的言語，不論你說的是眞是假。

決鬥可以證明你有足夠的勇氣或者有勇無謀，以至於要以打鬥來反駁對紳士說他是懦夫的侮辱。然而不論是殺死你的對手，或者被對手所殺，都不能證明你比他勇敢。殺害另一個人違反了道德法則，而被人殺害，則違反了理性的自利：兩種風險都是這個過程的副產品。而這裡的問題是，決鬥表面的目的——保護你的榮譽，是否值得這樣的代價。

自很早以來，就有人質疑這點。早在威靈頓向溫奇爾西挑戰前兩個多世紀，法蘭西斯・培根（Francis Bacon）在《關於決鬥的控訴》（*Charge Touching Duels*, 1614年）就抱怨：「充滿前途和希望的年輕人，就如大家所說的 aurora filii，朝日的少年……竟然以這樣虛浮的方式遭到毀棄，實在可悲；這麼多系出名門的高尚血脈竟然爲這樣的愚行而喪生，我們更該譴責……」[27]

一旦決鬥由只有國王准許才能進行的司法判決，變成私下進行的非法行爲，號稱是貴族才有的專利，就又帶來了另一個問題：lèse majesté——冒犯君主的大不敬之罪。因此在決鬥的大敵之中，包括了如培根和他的法國同代後輩紅衣主教黎塞留（Cardinal Richelieu），後者一心一意擴張國家的權力，其中一個做法就是壓抑貴族，把他們對榮譽的獨立要求，交付給帝王君主無所不包的權力範圍。

紅衣主教黎塞留是路易十三的首相，因爲在一六二七年處決了不遵守王室三令五申不得決鬥禁令的布特維爾伯爵（Comte de Bouteville），而聲名大噪（布特維爾伯爵先前已經決鬥不下二十次，因此對於王室如今竟然恪守先前已經訂下的舊法，自有理由驚訝）。路易十三本人對騎士理想十分熱中，但黎塞留主教說服他說，貴族血脈因決鬥而造成的犧牲實在太大（光是他父親時代，就有八千餘人因決鬥而喪生），因此路易十三才勉爲其難地同意嚴格執行早已經存在的舊禁令。英國駐法大使舍伯里的赫伯特勳爵（Lord Herbert of Cherbury，約 1583–1648）在他的《自傳》（*Autobiography*）中就寫道：「當時的法國人很少沒有在決鬥中殺過人的」，[28] 法國史學家和回憶錄作者艾姆洛．德．拉．胡塞伊（Amelot de la Houssaye, 1634-1706）就說：「一般人早上見面的問候語是，『你知道昨天誰決鬥了？』晚飯後的話題則是，『你知道今天早上誰決鬥了？』」[29]

由與決鬥之興起一前一後同時發展起來的現代國家觀點來看，決鬥其實就如培根所說的，是「對假定的攻擊」。

> （決鬥）明白地侮辱了法律，就彷佛有兩套法律一樣，一種是穿著法袍在法庭上的法律，另一種則如大家所謂的「名譽」的法律，因此聖保羅大教堂和西敏寺，也就是聖壇和司法，都得讓位給這套一般的法律，年鑑和法典都得由法國和義大利

的一些小冊子取代……㉚

在培根寫作之時，「地位高尚人物的私人恩怨」㉛已經成了詹姆士一世（1566-1625，英格蘭和愛爾蘭國王，1603-1625 年在位）宮中常見的問題，使國王下令不只要懲罰國內外「奇特格鬥」的當事人，連去提出或轉達挑戰，擔任副手，或者准許決鬥進行的人，也都一併懲處。培根在寫《關於決鬥的控訴》時，已經擔任總檢察長（Attorney General）一年左右，書中也談到他在星室法院（the Court of the Star Chamber，由國王掌握的特種刑事法庭，因法院建築有星狀裝飾而得名）一個案子中所提出的論述。

在培根用來說明國王觀點的這個案例中，有兩項指控：「一個是對威廉・普瑞斯特（William Priest）先生，因爲撰寫及送出挑戰信，以及一根和武器等長的手杖；另一個則是對理查・萊特（Richard Wright）先生，因爲他去遞送上述的信函和手杖給受挑戰的一方。」這兩人符合決鬥最基本的條件：兩人都是有身分的紳士。培根對法官承認，他「原本希望能碰到比較偉大的人，做爲你非難的對象。」㉜不過這個問題很緊急，而他手上有的就是這個案子。此外，「有時在政府行事之中，敲山震虎殺雞儆猴也並非不合適。」

早在十七世紀初，決鬥就是均衡平等的制度，而培根在表達反對之時，依舊堅持紳士之中還有階級之分。

啓蒙之辯

在我們今天看來，准許決鬥最有力的原因，恐怕是這是雙方自願參與的行爲。我所知頭一個提出這種說法的是偉大的英國作家和文評家威廉・哈茲利特（William Hazlitt, 1778-1830），他大約在威靈頓公爵決鬥前一、兩年，寫到他認爲決鬥應該合法，因爲參與者是「你情我願的成人」（consenting adults）。㉝不過在十八、十九世紀之交，因爲壞行爲只會傷害自願參與的人，而收回禁令，這樣的想法還太激進。

在當時知性的架構中，爲決鬥而生的最佳辯護，和針對刑罰的功利主義理論並行不悖。偉大的功利主義哲人——改革者傑瑞米・邊沁（Jeremy Bentham, 1748-1832）在一八二三年寫道：「所有的刑罰本身都是邪惡。」㉞因此乍看之下，在我們處罰別人時，只是在別人已經做的惡行之下再添新惡。但邊沁又繼續辨證說，一個有刑罰機構的世界，只要能夠適當的宣傳和執行，就能免於其他沒有刑罰就逃避不了的邪惡。只要刑罰的惡能阻止比它更大的惡，我們就能為這樣的理由理性地支持它。

現在再來考慮決鬥的問題。一個以尊重互相對待的社會，名譽不致遭到謊言玷污，紳士在意自己的言行舉止，這樣的社會總比不相互尊重的社會好。決鬥的機制提供了紳士注意他們自己規矩的強力誘因，但決鬥和懲罰至少在一個方面有莫大的不同，你可以說懲罰是一股遏止的力量，因為這種做法是為了大眾的利益而由公共機構強行施行，而相較之下，決鬥則是私下的做法，要讓它發生效力，決鬥者必須相信它能達到某種目的，因為鼓勵第三方維護榮譽，並不是大部分人願意冒自己生命的危險去做的事。為什麼我要為了其他人的禮貌對待，而和你一決死戰？榮譽感只給人私下的決鬥理由。由這個制度中，提出並回應挑戰的原因很明白：如果你不這樣做，就會喪失同伴尊重你的權利。因為決鬥能防止其他人的不禮貌而認為它正當，是採取榮譽世界之外的觀點。

不過十八世紀經常會看到類似這樣的論點，通常是由認為決鬥不道德或不理性，或兩者兼具的人所提出。蘇格蘭歷史和神學家，愛丁堡大學校長威廉・羅伯森（William Robertson）就在《查理五世皇帝統治史》（*History of the Reign of the Emperor Charles V*），就寫到決鬥這種做法「不能得到任何理性原則的肯定，」但他又說：

我們必須承認，對這種荒謬的風俗，我們必須在某些程度上把它歸因於現代規矩特別的溫和和順從，而由於這種對人的尊重，使得目前的社會比古代最文明的國家都來得優雅怡人。㉟

在啓蒙時代，決鬥這種司空見慣的做法，雖然不合基督教義，也不合理性，但至少能改善禮儀和規矩，蘇格蘭啓蒙運動頂尖的哲學家大衛・休謨（David Hume, 1711-1776）顯然對這樣的想法不以爲然，因爲在一七四二年，他在論文《論人文與科學的興起與進步》（*Of the Rise and Progress of the Arts and Sciences*）中，就加了一段有關決鬥的討論，駁斥決鬥制度能「使禮儀規矩優美文雅」之說。

休謨的批評非常尖刻，他說：「在最土氣的鄉下人之間的對話，通常也不會粗魯到會造成決鬥的地步。」而且他也辨識出榮譽的標準規範和道德無涉，區分了追求榮譽的人和追求道德的人的差別，反對榮譽法則容許「浪蕩子」和「揮霍無度者」在原本應該摒棄他們的社會中維持他們的地位。㊱

同一年，俗稱「蘇格蘭啓蒙之父」的法蘭西斯・哈奇森（Francis Hutcheson, 1694-1746）

也在他的教科書 *Philosophiae Moralis Institutio Compendiaria*（一七四五年翻譯名爲《道德哲學簡介》）中譴責決鬥的行爲，認爲爲了謊言和誹謗而決鬥，未免太過殘酷：「對於無禮的言詞，死亡的刑罰太過嚴重。」而且不論如何，「打鬥的運氣是盲目而善變的。」[37]的確，若考量十八世紀決鬥手槍的不可靠，那麼在十二至十五碼（約十一至十四公尺）的正常決鬥距離舉槍互射，不啻是把結果交諸於命運。約瑟夫・漢米爾頓（Joseph Hamilton）在他那本威靈頓決鬥之後不久出版的知名《決鬥手冊》（*The Duelling Handbook*, 1829）中引述「知名作家」的話，以充滿說服力的類比，來說明他的論點：

> 如果我逮到殺害我妻子的男人，我把他送上法庭，要求公理。如果法官命那罪犯和我抓鬮決定他和我誰該吊死，大家會怎麼想？[38]

亞當・史密斯（Adam Smith, 1723-1790，《國富論》作者）在《法理學講義》（*Lectures on Jurisprudence*, 1762）中主張，決鬥之所以存在，是因爲對於公開侮辱榮譽，法律沒有足夠的保護，才導致了挑戰：他認爲這是司法之不足。「由於這個傷害是爲了要暴露此人，使之顯得荒唐可笑，因此適當的懲處應該是讓傷害者戴上刑具枷鎖當衆受辱，或者藉著囚禁或罰款，讓他也與他所傷害的人一樣荒唐可笑。」[39]史密斯在此是強調哈奇森提出的論點：政府應該確定法律提供足夠的補償，讓紳士得到滿足。如果「民政官員」辦不到這點，那麼他們就該負起決鬥「大半的罪責」。史密斯和休謨一樣，並沒有花太多心思在談決鬥本身不好，如我先前所談，這個問題是留待哲學入門教科書就可解決的。

十八世紀哲學分析家威廉．戈德溫（William Godwin, 1756-1836，英國記者、小說家、哲人）在《政治正義論》（*Enquiry Concerning Political Justice*, 1793）的附錄中談到決鬥，他的重點不在討論決鬥是否不理性或錯誤，因爲他也早已視答案爲理所當然，他探討的是：拒絕挑戰比接受挑戰需要更大的勇氣。「這兩者之間哪一個才是比較眞確的勇氣考驗，」他問道，「因爲我們不能接受裁判的結果，而參與我們的裁判系統所不認同的做法；還是做我們認爲是對的事，並且樂於接受所有可能附加在道德行爲上的結果？」[40]在此，他等於是以榮譽之名來表達他對決鬥的反對意見。就連對啓蒙運動未必熱中的約翰生博士（Dr. Johnson，山繆爾．約翰生 Samuel Johnson, 1709-1784，人稱約翰生博士，英國知名文學家）都在與詹姆斯・包斯威爾（James Boswell, 1740-1795，英國作家，以爲約翰生博士寫的傳記聞名）同遊赫布里底群島（the Hebrides）談到決鬥時，向他坦承：「他無法解釋」決鬥的「合理性」。[41]伏爾泰（Voltaire, 1694-1778，法國啓蒙時代思想家）在《哲學辭典》（*Dictionnaire philosophique*, 1764）中離題說，決鬥「受理性、宗教，和所有的法律所禁止」，他這話是知識分子的共識。[42]

但若我們不瞭解這些紳士也受到榮譽的誘惑，就會誤解這樣的共識。在《新英格蘭歷史》（*History of England*）中，休謨說決鬥「兩個多世紀以來，已經讓這個基督國家的菁英流了許多血，」但他卻又承認決鬥背後「荒唐的」準則卻很「寬厚」（意即崇高），他也指出，雖然法律嚴禁，理性反對，但風俗的力量強大，因此這個風氣還方興未艾」。[43]史密斯認爲決鬥是對名副其實公開侮辱的反應，哈奇森並不是否認決鬥背後有其重要的原因，只是認爲它並非矯正這些原因的合理辦法。

只是言者諄諄，聽者藐藐，包斯威爾——不只是約翰生博士的傳記作家，也是蘇格蘭的第九任奧金萊克領主（Laird of Auchinleck），雖然他強迫約翰生承認決鬥不合理性，但他自己就曾考慮接受多次這樣的挑戰，而他的兒子亞歷山大・包斯威爾爵士（Sir Alexander Boswell）也是蘇格蘭最後一批決鬥的受害者，在一八二二年在法夫（Fife）的小地方奧克特圖（Auchtertool）決鬥之後死亡。

不過老包斯威爾和其他人一樣掌握了基督徒義務和榮譽法則之間的矛盾，在《約翰生傳》的諸多腳註之一，他說道：

> 我們必須承認，由當前的榮譽觀念來看，接受決鬥挑戰的紳士就被貶抑到可怕的抉擇，一個例子就是已故皇家禁衛軍湯瑪斯上校的遺囑，這是在一七八三年九月三日他決鬥死亡前一天寫的，上面寫道：「首先，我把靈魂交託給萬能的上帝，希望他慈悲寬恕我現在（為了遵從這邪惡世界不合法習俗）必須接受決鬥挑戰而走上的不虔之路。」[44]

要是堅強有力的道德論述也無法破除決鬥的習俗，那麼究竟是什麼促使它歷久不衰？威靈頓—溫奇爾西事件的餘波或可提供一些線索。

蕩漾餘波

溫奇爾西伯爵朝空鳴槍，滿足了他認爲這才適當的古怪心理之後，就把他在決鬥之前就已經寫好的悔罪書交由威靈頓公爵的副手，拿給公爵。威靈頓的反應是：「這不行，這不是道歉。」哈定吉堅持說，除非文件清楚載明溫奇爾西道歉，否則他們還要繼續開槍。此時休姆醫師提出明智的實用建議，認爲應把「道歉」一詞插在文內，溫奇爾西和法爾茅斯同意了。休姆醫師見證了修正過的文件，文中，溫奇爾西伯爵承諾要在《標準報》上刊登道歉書，就在他發表指控招致威靈頓公爵挑戰的同一版面。

想當然耳，這樣的事件很快就成爲倫敦茶餘飯後的話題。許多人都表示他們對首相竟參與決鬥，大感驚愕。《泰晤士報》（*The Times*）認爲決鬥根本就沒有必要。《先驅晨報》（*Morning Herald*）則一針見血地指出：「難怪那麼多人犯法，因爲制定法律——有權、有勢、有名的人，自己都公然藐視法律。」[45]但也有一些人認爲這位偉大的人物不該參與決鬥，不是因爲此舉非法，而是因爲這讓他看起來荒謬可笑。一位無名的漫畫家畫了一幅這五人的漫畫，其中溫奇爾西踩著反天主教陳情書跳舞，而公爵一槍把他外套的後半部射掉。威靈頓下方則有一首詩：

公爵步上戰場，
絕不向敵人屈服；
他該蒙陛下寵愛
受人侮辱？——不永不！

在溫奇爾西下方的字樣則是：「基督教的基本教義徹底推翻。」㊻背景則是法爾茅斯提出一份文件給哈定吉，上面只寫了「道歉」兩字。整個畫面的效果是滑稽可笑。

像這樣的輿論和漫畫對決鬥態度的改變舉足輕重。大衆媒體興起，勞工階級識字，使得紳士貴族不受法律管轄的事實廣爲流傳，而民主思想的發展，則使社會對於這種行爲越來越不能接受。當決鬥是只有少數幾個參與者所知的貴族行爲之時，一般人對這樣的榮譽世界無從置喙，但現代媒體已讓全體英國公民都成爲同樣一個知識和評鑑的社群。㊼

「國王學院亦即 ——實用文章。」佚名(可能是Thomas Howell Jones)。S. W. Fores, 41 Piccadilly, 1829.British Cartoon Archive, University of Kent, www.cartoons.ac.uk.）作畫者為Thomas Jones的推斷，來自倫敦國王學院網站：http://www.kcl.ac.uk/depsta/iss/archives/wellington/duel17.htm.

雖然受到輕微的譏諷，但威靈頓公爵顯然在此事中占了上風。哈定吉在巴特西原野就曾對溫奇爾西雖然明顯錯誤卻不肯道歉的態度，表達了相當的憤慨，在當事人就位之後，他讀的抗議書就是以此爲主旨。而在決鬥之前和之後，哈定吉也都強調了在他觀點中，迫使公爵必須開槍決鬥之不當。法爾茅斯爵士努力要哈定吉和威靈頓，甚至休姆醫師瞭解他同意擔任溫奇爾西副手的苦衷，意味著他明白他們認爲自己牽扯其中並不值得。

哈定吉在決鬥前的演說，精彩地表明了己方的屈尊俯就。他向溫奇爾西和法爾茅斯表明，他們自己該爲雙方爭議達到這樣極端的，以及其所引發的後果負責，最後他說：「要是我現在沒有向兩位大人表達我在此事進行期間同樣的厭惡，那是因爲我想要仿效威靈頓公爵的謙遜。」（當然，說你避免提某人的行爲教人厭惡，只是迂迴地表達你的厭惡，休姆醫師記載說，他聽到溫奇爾西伯爵喃喃說了一些「很奇怪的語言」做爲回應。）法爾茅斯再一次想爲溫奇爾西堅持決鬥的做法辯護，但哈定吉以更輕蔑的態度打斷了他：「老實說，法爾茅斯大人，我不在乎你的感覺如何。」我們簡直可以聽到他壓抑自己的嗤嗤冷笑。

在休姆醫師的敘述中，法爾茅斯越來越嚴重的焦慮不安和哈定吉的嚴詞責備正好互爲對照。到最後，法爾茅斯好像熱淚盈眶——醫師不太敢確定。哈定吉的立場很明確：公爵身爲榮譽之人，別無選擇只能提出挑戰，但迫使他這樣做實在可鄙。

後面這種感受——因溫奇爾西不肯道歉，以取消決鬥的做法，是當時大部分人的反應。樞密院大臣葛瑞維爾對這件事反應（至少在他的上流社會階層）的記錄非常直接：

「再沒有比此事所造成的驚訝反應更甚者，當然，人人對此事都有不同的看法，全都責備溫奇爾西伯爵，但對公爵是否該決鬥，則各有不同的意見。」或許葛瑞維爾最驚人的描述，是說溫奇爾西伯爵是「瘋子」。㊽

原來，情況有了改變。在一個世代以前，社會大衆一定會覺得威靈頓公爵是爲所應爲；然而在後一個世代，當時所寫的文章，大概再沒有比葛瑞維爾個人坦白的評論，更能說明榮譽的文化和正在成形的新世界之間的衝突，不過他這篇對威靈頓決定向溫奇爾西挑戰的評論，是生前就限定只有他死後才能發表：

我認為公爵不該向他挑戰；這非常幼稚，他的地位太高，他的生活又是衆所關注，因此他竟以藐視的態度來面對這個問題，處理他的信函，在判斷上是非常大的錯誤，但當然這樣的錯誤也是情有可原，我們不得不欽佩他這種不願躲在他自己偉大人格和身分地位之後的崇高精神，以及其單純，甚至謙遜，使得他降低自己到和溫奇爾西伯爵平等的地位，其實他原本大可以擺出一副高傲優越的姿態，以不值一哂的態度來對待溫奇爾西。不過，他提出挑戰，此舉不符他的尊榮；這貶低了他身

分，而且多少有點荒謬。㊾

葛瑞維爾是否支持決鬥的想法？公爵因決鬥而冒了生命的危險，因而忽略了此舉對社會大衆的利益會造成什麼影響。葛瑞維爾說這個挑戰，「幼稚」、「荒謬」，不過他又堅持說，這個錯誤「情有可原」。只是在榮譽的世界裡，讓你自己荒唐可笑，不符尊榮，是滔天大罪。葛瑞維爾擺脫了決鬥的舊文化，最明白的跡象就在於：他忽略了在決鬥場上，所有紳士都平等的原則。漢米爾頓在《決鬥手冊》中提及，皇家法則第三十八條說得很清楚：「雙方……在場上會面，就已經承認相互平等……」雖然這條法則是新的，但根據十九世紀另一條法則，其實這個想法非常傳統。如果在紳士之前還有社會階級——上議院的每一位成員都有優先順序，那麼如我先前所提的，他們也有共屬於同一族群的感受：也因此同事才稱爲同事。在榮譽的世界裡，紳士的平等——展現在決鬥的行爲之中，就意味著對一般平民而言，他們共同的優越。如果否定這點，整個體制就崩潰了。

葛瑞維爾對威靈頓是否該要向溫奇爾西討公道，反應出對紳士行爲法則的一種緊張關係。一方面，他堅持在紳士族群中還有高下階級之分，而另一方面，紳士階層中的成員又必須平等。葛瑞維爾說伯爵不屬於公爵這一階層——因此公爵以平等的態度對他，就是「貶低自己」，不論他的「階層」代表什麼，都意味著他所採取的標準不合適。而如果否定了最高貴的公爵和最低級的鄉紳平等，就等於拒絕了這瀕臨崩潰法則的一個特性。在決鬥的文化中，任何紳士——沒有人能否認溫奇爾西伯爵是一個紳士，都必須注意，葛瑞維爾認爲威靈頓公爵的做法幼稚，他所採取的標準就不是長久以來支持紳士榮譽的標準。

值得注意的是，英王喬治就沒有這樣的矛盾心理。他持續長久以來歐洲王室容忍貴族知法犯法的傳統。當天還不到中午，威靈頓公爵就已經在宮中報告了早上所發的事，葛瑞維爾告訴我們，國王「對溫奇爾西事件非常滿意」。[50]根據《文學報》（*Literary Gazette*）主編所載，國王陛下認爲，以威靈頓的敏感性，「身爲軍人……此事難以避免。」[51]國王知道，出身軍方的紳士是榮譽世界中的骨幹，而或許因爲這個原因，一般人也轉而支持威靈頓，正如威靈頓公爵夫人告訴她兒子的，先前「誹謗辱罵你父親的社會大衆，如今又都爲他喝采了。」[52]

這幾乎正合她丈夫的算計。在憲法辯論的熱烈氣氛中，正當大衆的不滿在英格蘭和愛爾蘭醞釀之際，威靈頓公爵改變立場，支持天主教，使許多保守的國民產生疑慮，也對他提出許多中傷。而威靈頓選擇這行事古怪的伯爵和他荒謬的指控做爲誹謗他的代表，實在是高招。在決鬥後一個月，威靈頓寫信給白金漢公爵說，其實在溫奇爾西「憤怒的信」見諸報端之時，「我立即知覺到它帶給我的益處」。

這場決鬥對威靈頓和溫奇爾西都是爲了塑造輿論，只是在公爵這方面的賭注較大。他說他是希望在反對他決定者的諷刺和謠言之外，爭取社會大衆對他的同情，而果眞也大獲成功。溫奇爾西提出了可笑的控訴，又不肯收回，讓公爵不得不冒自己生命的危險提出決鬥挑戰。而在整個過程中，首相所做的，是要讓他看起來只是在盡職責之所在。「我承受許久的誹謗陰霾一掃而空……我的作爲符合當前社會的想法，我很滿意。」他結論道。[53]

或許威靈頓公爵自己的說法——若我們只取其表面的意思，是最教人憤慨的轉變。原本只是心不甘情不願爲保護個人榮譽而做的行爲，如今在這封信中重塑爲冷血的工具——是政治算計、甚或操弄的產物。榮譽法則最純潔的化身，如今成了爲達到政治目的而操弄的工具。

是什麼使決鬥告終？

因此究竟爲什麼決鬥本身招致輕視？爲什麼一套規範會有這麼大的殺傷力，讓如葛瑞維爾之流的貴族都視公爵的行爲「幼稚」？我們已經看到了一些因素。「行政國」（Administrative State）興起，以及其合法行政的主張；大衆媒體的發展，使一小群人的習俗成爲衆人的笑柄；在優越群體之中的平等規則逐漸失效。但這些現象是否更大轉變的徵候？

研究歐洲決鬥的知名史學家柯能（V. G. Kiernan）在大作中就提出一個有力的說法，他認爲原本英國主幹階級的規範已經逐漸在英國大衆生活中喪失了核心地位。一如馬克斯知名的論證，原本治理國家的貴族階級，在十九世紀初已經由新的階級取代，也就是如皮爾這種家財萬貫，原本爲貴族所不恥的「商人」。新的國家官僚政治由越來越多也越來越專業的官僚階級採用如統計等的新工具來治理。

商人著重的是做生意，而官僚則希望一切有秩序，新階級的人支持國會改革：他們反對既有的仕紳階級行使傳統的權利，分配下議院的席次，他們要求停止買票，擴大選舉權。天主教解放法案是這場戰役諸多攻守中的一環，這法案在容許天主教徒進入國會的同時，也把愛爾蘭郡選舉的候選人財產資格提升了五倍，由四十先令（原本這個標準在英國已經維持近四百年）提升到十鎊，結果造成莫大的選舉改革壓力，最後造成社會不安，一直到三年後，也就是一八三二年，通過改革法案（Great Reform Bill）爲止。

榮譽和合法性之間的緊張對威靈頓公爵特別嚴重，因爲他不只是職業軍人，也出身公共行政世家，是長久以來也一直是行政官員。他的兄長威斯利侯爵（Marquess Wellesley）是當時數一數二的公務員，曾任印度總督，並在半島戰爭（Peninsular War, 1808-1814年，拿破崙戰爭中在伊比利亞半島的主要戰役，交戰方分別是西班牙、葡萄牙、英國和拿破崙統治下的法國）時出使西班牙，後又擔任外交大臣。其父親的次子莫寧伯爵（Earl of Mornington）也擔任過愛爾蘭大臣，後來在利物浦爵士麾下擔任造幣廠長，並在一八二一年加入兩位兄弟的行列，成爲上院議員，而他們最小的弟弟亨利曾任駐法大使，亦在一八二八年以柯利爵士（Lord Cowley）的身分加入上院。

公爵本人在輝煌的軍功之外，也曾任駐法大使，是維也納會議（Congress of Vienna,

1814-15，拿破崙戰敗後歐洲列強討論領土重劃及恢復王室的會議）的第一位全權代表，自一八〇七年起也一直是樞密院的一員，更理所當然是愛爾蘭首席大臣；而且他還在二十一歲之時，就擔任愛爾蘭國會擔任議員。身爲有軍事人脈的貴族，威斯利一家人或許在決鬥中被看好，但身爲公務員，他們有和培根與黎塞留一樣的理由，反對決鬥。

在現代決鬥初始之際，培根已經料到決鬥的機制將會終結。他在《關於決鬥的控訴》中對法庭說：

> 我認為（大人）出身高貴的人將放棄這種做法，因為販夫走卒等低下的人物也開始決鬥。[54]

決鬥是榮譽之事，依賴的是一個有權勢的階級，其成員可以藉著逃避其他人無可逃避的法律制裁，來建立他們的地位。而這個階級地位的衰落還有更明確的跡象：在十九世紀頭幾十年，決鬥在一般人之間益發普及，這些人如果可以算作紳士，也是由於他們的職業，或是他們在商業上的成功。而一旦「販夫走卒」也能決鬥，那麼決鬥使人高人一等的力量就消失了。

在決鬥之風在十八世紀達到頂點之時，培根的觀點是先見之明。至於這個問題的回顧，則可以偉大的自由黨國會議員理查・柯布登（Richard Cobden）一八五九年在洛奇岱爾（Rochdale）的演講爲例，其中提到決鬥是「遭逢侮辱時的經常反應」，柯布登告訴洛奇岱爾的選民：

我記得有些亞麻布商的店員在一個週日早上突然決定要出去……結果開始決鬥，而一旦亞麻布商店員也開始決鬥，上流階級就覺得這十分不名譽……現在再沒有任何貴族或紳士會在受侮辱之後，想要以決鬥來解決了。55

柯布登的觀點是，不論來得多麼晚，都印證了培根的預言：「低下人物」採用決鬥，使得它受到貴族的摒棄。而他嘲諷的口氣也提醒我們，在日益民主的時代，決鬥是大家所不恥的貴族特權象徵。奧斯卡・王爾德（Oscar Wilde）曾有名言說，只要大家認爲戰爭邪惡，它依舊能迷惑人心。他繼續說：「唯有在人們覺得它卑下之時，才會不再流行。」同樣的說法也適用在決鬥上，我們還可以說，就是決鬥的卑下使得它的邪惡益發明顯。這樣的習俗如果只是受到譴責，不論說它是瘋狂或是有害，依舊能風行一時，唯有在它受到鄙夷蔑視時，它才會衰落。

在威靈頓公爵決鬥後三年，一八三二年的「五月天」（Days of May）——五月七日至十五日，威靈頓無法為新國王威廉四世組閣，公爵抗拒選舉改革——或者該說，上議院許多如公爵那樣的保守派讓英國走到革命邊緣，由於四處暴動，舊有的貴族必須接受改革法案，這是上院勢力開始衰退，由新商業和專業中產階級主宰的下院力量興起的契機。約翰·史都華·密爾（John Stuart Mill, 1806-1873，英國經濟學家、哲學家）在一八四〇年寫道：「英國政府漸漸由屬於一些人的政府變成不只是屬於多數人，而是由多數人組成的政府；——由摻雜大眾的貴族，變為中產階級的政權。」㊻

這些新成員中，有許多都抱著如威廉·威伯福斯（William Wilberforce, 1759-1833 年，英國國會下議院議員）傳福音般的熱情，威伯福斯努力了數十年，不只是為廢奴和公共道德——包括反對決鬥的運動而奮鬥，而且也致力於國會改革。威靈頓公爵和他的許多同僚都被說服，不因國王（受首相格雷伯爵及其內閣的壓力）要找更多新議員，以人數壓過他們的威脅，而反對改革法案。公爵應該已經注意到「這輩子沒見過這麼多嚇人的爛帽子」。這些牢騷意味濃厚的勢利言語，就像溫奇爾西的決鬥一樣，反映出他的感受與當時精神之間的差異。拜倫的友人霍布豪斯在一八六五年年事已高之時，談到威靈頓公爵的決定：「在現在這時代，社會觀點改變且運用之後這麼多年，很難對此事做不偏不倚的評斷。」不過他彷彿在報導外國文化一樣繼續說：「決鬥，就像縱狗咬牛的逗牛遊戲（bull-baiting）、拳擊、鬥雞，以及其他野蠻活動一樣，有其規則，不能違反而不受指責……」57

最後幾場決鬥

我所討論的變化發生在大不列顛。在其他地方——美國、俄羅斯、德國、西班牙，決鬥以不同的方式走上窮途末路，端視這些不同的社會所處的社會和政治背景而定。當然，榮譽並不會隨著決鬥而消失，在英倫三島和其他地方都一樣。但在數世紀的努力之後，我們在培根《控訴》中聽到抱怨的官僚按他們的意思行事。紅衣主教紐曼（Cardinal Newman，名為 John Henry Newman, 1801-1890，英國著名人文學者，散文家）在一八五二年說：「紳士的定義就是，他絕不使人痛苦」，而不覺得此言可笑，或許再沒有比這更能顯現「紳士」一詞的意義有莫大變化的例子。㊽如果紳士眞是如此，那麼再沒有比決鬥更不紳士的行爲了。

到十九世紀中，在英倫三島，已經不再能以決鬥來保衛榮譽。愛爾蘭決鬥史的作者詹姆斯．凱利（James Kelly）記錄了一個史密斯隊長（Captain Smith）一八三三年在費莫伊（Fermoy）因「不同軍團的優點」有一番「憤怒的討論」之後，參與決鬥遭射死；而倫登德里爵士（Lord Londonderry）和都柏林市長大人，在一八三〇年代後期，也都分別和人決鬥，兩人和對手都未受傷。㊾此後再沒有決鬥的紀錄。

在蘇格蘭，最後一個因決鬥而遭起訴的紳士是在一八二六年八月參加決鬥；他是受挑戰不得不接受決鬥請求的柯卡地（Kirkcaldy）麻布商人（威靈頓公爵可能會堅持說他是商人），而強迫他參與決鬥的則是他的銀行業者，原是軍官。銀行業者死亡，而這商人則宣告無罪。㊿

而或許在英格蘭，最後一次有紳士在野外對另一位紳士開火是發生在一八五二年，喬治．史密西（George Smythe，英國首相、作家班哲明．狄斯雷利〔Benjamin Disraeli〕的朋友，亦是狄斯雷利小說康寧斯比〔Coningsby〕的模型）和一位羅姆里上校（Colonel Romilly），兩人都是坎特伯利的國會議員，因大選爭執而做了大家常稱是英國最後一次的決鬥。[61] 柯能告訴我們，這場決鬥「極其滑稽諷刺的事件，兩名當事人和他們的副手得在韋布里吉（Weybridge）車站一起搭計程車。」兩名紳士和他們的副手一起下火車，然後共乘計程車去他們意欲互射的原野場地，的確有點可笑。一名當代的人就說：「《泰晤士報》上就有一篇以此爲題材的機智文章，荒唐到最後比道德更有使決鬥消失的力量。」[62] 這個問題就隨笑聲而消失了。

在英國最後幾場決鬥中，我個人最喜歡的一個是愛爾蘭文壇名人葛雷格瑞夫人（Lady Gregory, 1859-1932，愛爾蘭文藝復興的主要人物）的先生威廉・葛雷格瑞爵士在一八五一年於奧斯特利公園（Osterley Park）和同爲賽馬俱樂部（Turf Club）的另一會員，因對一匹馬所有權的複雜爭端，而走上決鬥場。威廉爵士很久以後爲他的辯詞作序寫道，他希望他兒子瞭解他爲什麼會做出「這麼愚蠢、這麼錯誤，而且這麼不合輿情的事」[63] 對決鬥的描述——不得不延後幾天，因爲他要先收賽馬贏得的賭注，教現代讀者覺得荒唐到極點。葛雷格瑞的副手——羅伯・皮爾爵士（Sir Robert Peel），剛去世首相之子甚至在其中大聲提問，疑惑因一匹馬說謊是否值得死亡的懲罰。更早一點他還說：「當然……要是我們逃過絞刑，就得逃到國外度餘生。」而葛雷格瑞告訴我們，他們「還談論未來的居所。」我們希望威廉爵士之子羅伯特・葛雷格（Robert Gregory，他在一次大戰之死成了葉慈的詩〈一名愛爾蘭空軍預見死亡〉〔An Irish Airman Foresees His Death〕）的題材的確受了這篇文章的教誨。

伊夫林・沃（Evelyn Waugh, 1903-1966年，英國作家）以二次大戰爲題材的小說《軍官與紳士》（*Officer and Gentlemen*）中的紀・克羅曲貝克（Guy Crouchback）被問道如果有人向他挑戰，要求決鬥，他會怎麼做，他言簡意賅地回答：「哈哈大笑。」[64] 這是決鬥已日暮途窮的答案，但其實早在威靈頓公爵因爲挑戰那個「瘋子」——溫奇爾西和諾丁罕伯爵，而遭譏嘲之時，笑聲就已經開始了。

2 解放中國小腳

最駭笑取辱者，莫如婦女裹足一事。

——康有為①

〈請禁婦女裹足摺〉

一八九八年，中國知識分子康有爲上奏滿清皇帝〈請禁婦女裹足摺〉，此事本不足爲奇。數世紀以來，中國知識菁英經過競爭激烈的科舉考試成爲官吏，爲國效命，成爲地方行政官。在考試中表現好的進士到北京效力中央政府，特別好的則進入翰林院，研習儒家經典，並學以致用。像康有爲這樣的文人，以典雅散文上摺給皇帝，經過層層官僚抵達天聽。如果摺子特別重要，可能直接或經過重寫送給皇帝，讓皇帝下諭。

康有爲是十九世紀末一群力主變法的文人領袖，這群人雖身受古代儒家思想薰陶，卻認爲中國必須現代化，和保守的官僚不同，他們認爲國家要步入新紀元，必須向西方學習。康有爲本人支持大清帝國，但他也認爲憲政應該改革。

在當時皇家體制錯綜複雜的儀節形式之後，有一點十分明白：這些複雜關係的中心是慈禧太后。由任何標準來看，慈禧都是個特殊的女性。她在一八五二年，以十六之齡被選入宮，成爲皇帝眾嬪妃中之一。當時來自滿洲的異族已經統治中國兩百餘年，新即位的咸豐帝是清朝第八個皇帝。兩年前，道光帝駕崩，經過適當的舉哀期，該是二十歲的新帝登基，並廣納嬪妃的時候。

當年全國各地共有數千女子的姓名經各地官吏審核之後，送往首都參選，其中挑出六十名滿洲女子。名單上詳列各女子的身家淵源，以及生辰八字，另外描述她的個性、所受教養，以及容貌。

挑選秀女並將之分類是皇太后的責任，不過她對這新女孩似乎並沒有什麼印象，因爲當時慈禧名列低等秀女之中，一直要到三年後她才被喚至皇帝寢宮，初爲咸豐帝侍寢。

不過皇帝和太后不同，似乎立刻就喜歡這名秀女，此後她的影響力和階級就一飛沖天。到一八五六年，她爲皇帝生下頭一個也是唯一一位皇子，等一年後皇子一歲，晉懿貴妃，僅次於皇后慈安。

咸豐帝一八六一年駕崩之後，她的兒子新皇帝年僅五歲，因此一方面由慈安和慈禧東西兩位皇太后垂簾聽政，另一方面則由一群攝政大臣輔佐。

在接下來的權力鬥爭中，長袖善舞的慈禧掌握大權。一八七五年其子同治帝天花駕崩，因無後，故慈禧挑選了咸豐之弟醇親王奕譞（其嫡福晉爲慈禧之妹妹）之子載湉，入嗣大宗爲帝，是爲光緒皇帝。不過光緒之名意爲「繼續光榮的傳承」，只是他卻和同治屬於同輩，他是名義上繼承咸豐帝而非同治帝的皇位，以維持咸豐帝的皇統和父死子繼的法則。老實說，他之所以能做皇帝，是因他父親在宮廷內鬥中支持慈禧之故。

慈禧美麗、迷人、聰穎、有趣。一八六三至一九一一年擔任中國海關總稅務司署總稅務司（Inspector General）的愛爾蘭人羅勃特・赫德（Robert Hart）說她以「非常動聽的女性聲音」②說話，她自己後來說，她年輕時很多人嫉妒她，「因爲當時大家覺得我漂亮。」③身穿代表皇家的黃色絲袍，上有黑、紅、綠，和藍的刺繡，她的確教人一見難忘，雖然（就像統治地球另一端的帝國，向她的國家挑戰的維多利亞女王）她只有五呎（一百五十公分）高。

由咸豐駕崩到慈禧自己約在半世紀之後去世的期間，只除了光緒親政的百日之外，都是由慈禧垂簾聽政。她身邊隨時隨地都有滿洲親王對她和政府產生影響力，若是政府的方向改變，那是因爲她由支持某個群體改變爲支持另一個群體。在中國學習如何面對環伺的列強之際，這位嬌小的女性雖有能力應付由內而生的挑戰，但她對外在世界的判斷卻不那麼可靠。

一八八九年，光緒帝十八歲，開始親政——至少官方形式上是如此（連這點也可反映出太后的權力：按照傳統，原本他十六歲就應該親政），但實際上，大權依舊在太后手中。一八九四年，中日甲午戰爭，中國海軍大敗，一八九五年四月，簽訂馬關條約，當時三十七歲的康有爲到北京參加乙未科會試，但在試前就聯合多名舉人，上萬言書。

康有爲在萬言書中力主抵抗日本，並在社會、經濟，和政治方面做大規模的改革。不過他們爲國爲民奮鬥的雄心壯志，有數年一直遭官僚系統的高層打壓，皇帝雖然知道必須變法，但顯然並無權力，無法脫離慈禧或她所支持的當權保守派滿洲貴族的掌握。

接著在一八九八年六月十一至九月二十一日，約百日期間，光緒採納康有爲奏疏的建言，決心變法革新。④在這百日之內，慈禧太后旁觀，皇帝下了約四十道詔令，廢除傳統科舉考試採用的八股文，⑤接受西方科學開放式教育，學習現代商務、工程，和礦冶，詔令改革財政，編列預算；加強海軍。他裁撤守舊的高階官吏，而且——如當時在北京的一位天眞但欽佩光緒傳教士所說的，要「裁減北京和地方的冗員」。⑥

光緒帝甚至也召見僅僅是工部主事、官位僅六品的康有爲，可說幾乎是史無前例。康有爲大受鼓勵，在百日之內，透過不同高階官員，有時也經由非官方的祕密管道，多次上書（康有爲和帝師翁同龢的友誼是重要因素）。⑦

在這些大事件之中，康有爲也上了〈請禁婦女裹足摺〉，認爲改變婦女的地位，在中國的變法改革中舉足輕重。⑧在他看來，此事攸關緊要，因此他建議皇上下詔禁止纏足。

康有爲在奏摺中比較了中外的優劣：「試觀歐美之人，體直氣壯，爲其母不裹足，傳種易強也。今當舉國征兵之世，與萬國競而留此弱種，尤可憂危矣！」⑨不過他論點中的一個中心主題，是纏足對中國國譽之害。「方今萬國交通，政俗互校，稍有失敗，輒生輕議，非複一統閉關之時矣。」他接著說：

吾中國蓬蓽比户，藍縷相望，復加鴉片熏纏，乞丐接道，外人拍影傳笑，譏為野蠻久矣。而最駭笑取辱者，莫如婦女裹足一事，臣竊深恥之。⑩

一直到四年之後，慈禧終於下詔禁纏足，在這其間發生了許多事，而如我們所會看到的，康有爲的奏疏對這項決定並沒有任何影響。不過雖然康有爲的奏摺無效，他的論點——纏足有損國譽，卻成功了，而它之所以成功是因爲許多有識之士也和他一樣關切國家榮譽，而這些人正是塑造中國由帝國變爲現代國家的關鍵。

塑造滿清帝國已經逾兩百年的讀書人，正是使纏足這種古老傳統消失的決定性人物，一如當初維繫這種傳統一樣。下面要探討造成康有爲及其同志認定廢止纏足傳統攸關中國榮譽的過程，他們所展開的革命讓中國菁英已經維持了上千年的傳統終於畫下句點。而這個革命就是我們第二個要討論的道德革命。

榮譽和身分認同

我們由決鬥開始探討榮譽，而決鬥攸關的是個人的榮譽。通常一名紳士走上決鬥場，是要捍衛他自己的榮譽。但紳士同樣也可以爲了捍衛婦女的榮譽而提出挑戰：母親、妹妹、女兒、情人、妻子，有時候（更早的時代）則爲了捍衛與他們君主相關貴婦的榮譽。他們以自己的榮譽爲誓，捍衛一位婦女的榮譽，攻擊他們所挑戰對手的榮譽，因爲他使一位婦女蒙羞，因此違反了榮譽法則；他們藉著使她恥辱的源頭蒙羞，來搶救她的榮譽。因此即使你什麼都沒做，什麼也沒有發生，榮譽的制度依舊會要求你有所動作。即使在這麼簡單的情況之下，榮譽也並不僅是攸關個人而已。

的確，你的榮譽在許多層面上，都和你所屬社會群體的認同息息相關。如上章所見，你決鬥，是爲了伸張紳士個人的榮譽，唯有紳士才能提出挑戰，也唯有紳士才能接受挑戰。而一般說來，紳士受其他紳士（和名媛貴婦）尊重的權利，必須視他是否遵守提出十分特定要求的榮譽法則而定，如果破壞了法則，就喪失了受尊重的權利。「集體認同」（collective identity）能塑造個人的榮譽，因爲對個人的尊重和輕視是由我們認爲人屬於不同社會類別而來。

因此，這種認同決定你該遵守什麼樣的榮譽法則時，就很重要（我將用「榮譽的實踐」一詞，來描述榮譽要求或容許你所做的事）。最明顯的例子和性別相關。你是男是女，常會決定榮譽法則對你的要求，你該有什麼樣的行爲，才能獲得（或喪失）其他人的尊重。階級往往也很重要。在十八世紀的英國，榮譽法則要求上流階級的紳士必須回應其他紳士的決鬥挑戰；在十九世紀的中國，則要求上流社會的女人必須纏足。在這些法則的例子裡，你該有何等的行爲端視你的階級和性別而定，而其他人的認同則塑造了你對這些行爲的態度。有榮譽的上等人娶的是纏足婦女，纏足婦女不該嫁給沒有榮譽的人。紳士接受其他紳士要求決鬥的挑戰，但不接受「低等地位」者的挑戰……當然更不接受女人的挑戰。違反這些法則的懲罰，就是喪失榮譽，而如我們之所見，這意味著失去受人尊重的權利。

在以敬佩（而非認可）爲基礎的榮譽制度上，敬佩的來源是出自比較。這點在以軍事本領爲基礎的敬佩上非常明白，比如威靈頓公爵所處的榮譽文化就是如此。但不論基於什麼樣的標準，敬佩的判斷都在於哲學家傑佛瑞·布倫南（Geoffrey Brennan, 1944-）和菲利普・佩迪特（Philip Pettit, 1945-）所謂的「參考群體」（reference group）。[11]假設我因做護士的你非常仁慈而敬佩你，那麼護士能讓人產生欽佩之情的仁慈程度或許不及慈愛父母自我犧牲的仁慈，但卻高於任何見義勇爲者。按照符合你的群體標準來判斷，你的表現究竟好不好，則視一般對那個群體成員的期望而定。

決定你必須遵守法則的條件，除了看你的社會認同之外，也看你是和誰競爭榮譽。榮譽回報在他們所屬社會群體中表現特別好的人，它回報所作所爲超過他們必須做的人，因此提供誘因，讓人們「超越他們的使命召喚」。

但還有同樣重要——而截然不同的方法，辨識榮譽的要務：我們可能和與我們屬於同一認同的人，共享榮譽或不榮譽。莎士比亞筆下的亨利五世在一四一五年於哈弗勒爾（Harfleur）遭圍城時，要追隨者「喊『上帝保佑哈利（亨利五世），英格蘭，和聖喬治（英格蘭的保護聖徒）』」，他們知道他們的領袖在戰場上肩負的不只是他自己的榮譽，也包括他國家的榮譽。

> 向前，向前，最尊貴的英國人……

不要讓你的母親蒙羞；
證明你們的確是由你們稱為父親的人所生（第三幕，第一景）

亨利五世提醒追隨者，他們就像他一樣，肩負著他們自己和國家的榮譽。在戰鬥行列中的一般人，毫無貴族血統的農民士兵，都可因參與進攻哈弗勒爾的行動，而分享榮譽。在幾個月之後的艾金科特戰役，國王更明白表示：

我們少數人，幸運的少數人，我們是相繫相依的兄弟。
今天和我共同浴血的人
就是我的兄弟；不論他出身多麼卑微低賤，
今日將使他成為真正的貴族。（第四幕第三景）

和哈利王子（登基前的亨利五世）在艾金科特作戰能使你成爲「眞正的貴族」，成爲紳士；讓你有新的社會認同。（雖然國王在此很明顯是用修辭的誇張法，但無損其力量！）由於你的榮譽隨你的社會認同相關，因此我們需要知道你是什麼樣的人，才能瞭解你有哪些榮譽形式。

很清楚的是，我們可能因所屬認同圈成員的成敗，而感榮辱。英格蘭的人民聽說了艾金科特之戰告捷之後，因英國的榮譽而感驕傲；法國人民聽到戰敗的消息，則爲他們的國家感到恥辱。我國的軍人爲保護無辜人民而在遙遠的異域捍衛疆土，在我聽說這個消息時不免感到驕傲，那是因爲我分享了我國家的榮譽。如我們所觀察到的，許多群體都有類似的經驗：其中最明顯的是宗教、班級，和家庭。（美國有許多車上都貼有貼紙：「榮譽學生的驕傲父母」。）康有爲因國家榮譽而感動，也同樣要感動其他人。本章將檢視我們人類道德史上第二個革命；不過這回改變並不是來自個人榮譽背景的變化，而是由於國家民族榮譽的觀念有了不同。

金蓮之始

纏足究竟始於何時，衆說紛紜。有人說是五代南唐的最後一任皇帝李後主，南唐於西元九七五年亡於宋（如果李後主之說爲眞，那麼纏足始於孔子去世後約一千五百年）。

現代纏足史的作者霍華德・李維（Howard Levy）記錄了十二世紀評者的註，提到李後主有位愛妾窈娘，「嫵媚風騷，能歌善舞。李煜用黃金爲她築了六呎高的大蓮花台子……窈娘奉命用帛纏足，使腳纖小屈突而足尖成新月形，在蓮花台上展姿起舞，像冉冉上升的雲朵一樣迴旋。」⑫這個故事是否屬實姑且不論，但此後中國婦女的纏足就稱爲「金蓮」。

在階級嚴明的社會，纏足成了社會地位高等的象徵。李維寫道，到十三世紀末，「有貴族血統的家庭都不得不爲女子纏足……做爲上流階級的標識。」原來上流階級的婦女——宮廷貴族或地方官員的女眷毋需像農家婦女那樣在田地裡工作，或者走長路上市場，小腳使她們根本足不出戶，就如十四世紀的文章所寫的（而且在其後的歲月裡一再重述引申），能保證婦女的貞潔無瑕。⑬

打從一開始，金蓮就和女性的榮譽相結合。而榮譽是一樁好婚姻的先決條件——中國傳統婚姻是由父母安排而非出於個人選擇，要嫁有地位的男人，就得纏足。而男人也期望娶小腳婦女，而女性之所以忍受這樣的酷刑——不但自己忍受，也讓女兒、姪、甥女、孫女忍受，因爲她們認定小腳美麗。

如果你看到脫下裹腳布的小腳照片，恐怕很難贊同這樣的想法，不過我們得記住大部分人看不到這種場面，因爲一旦纏了足，通常都是穿著美麗優雅的繡花鞋。

中國良家婦女的一個特點，就是縫製並爲自己的鞋子刺繡，用適合節慶、哀悼、日常穿著，以及晚上穿著的色彩。縫製鞋子送到未來丈夫的家，是婚前的準備工作，而做婆婆的也會由媳婦所帶來鞋子的品質，來評斷她的才藝。男人只有私下才能看妻子的裸足。反纏足運動大將阿奇博爾德・立德太太（Mrs. Archibald Little, 1845-1926，爲英國商人之妻，隨夫婿來華生活長達二十年〔1887-1907〕，是活躍的外僑夫人和知名作家）曾說：「每一個中國男人在把玩新娘的小腳時，總以爲它們就像外表那樣——嬌小玲瓏、包著緞鞋、上有美麗的刺繡。」[14]

女人也唯有在更換長長的裹腳布時，才會看自己的金蓮：洗腳，撒上明礬粉，再重新纏裹，然後穿上紅色的睡鞋去睡覺……或者換上白天優雅的服飾，好讓人看到她裙下的美麗小腳。不過我們不該以爲赤裸的小腳會惹人厭惡，大謬不然，自二十世紀之初起，有許多婦女驕傲展示金蓮的照片，而且中國文人在幾百年之間，也經常以私底下卸下裹腳布的小腳爲題，寫出讚美之詞。

纏足風俗的傳播

在滿洲得天下之前，中國皇帝有數千後宮佳麗。紫禁城入夜之後只有皇帝、宦官、皇后嬪妃，外人不得入內。政治學者傑瑞・麥基（Gerry Mackie）提出了爲什麼在這種情況下，纏足之風會越演越烈的說法。

在諸佳麗包圍之下的皇帝要確定嬪妃的子女是他所生，而由於嬪妃人數衆多，大半恐怕根本沒有生育的機會，因此她們有充足的理由在皇帝之外另謀出路，因此要求嬪妃忠貞的皇帝，和想逃脫皇帝掌握的嬪妃之間，就有不斷的衝突，宮禁之內的男人都必須淨身，就是出於這個原因，這也造成女性纏足，行動受限。

麥基見解的重點是，一旦確立了這樣的做法，其影響力就會由宮廷中流傳散布。

爭取提供層峰妻妾的下一階層就會模仿並誇張這種控制忠貞的做法，以爭取宮廷中的經濟、社會，和生育子女的機會。而這一層婦女的空缺，又會由再下一層婦女填補，她們同樣也會採取這種控制忠貞的做法，以此類推，一路向下。⑮

因此到蒙古建立的元朝（1271-1368），纏足向南方流傳，至少在有錢有勢的家族中流行，到明朝則在上流階層中更加風行，如十六世紀末的小說《金瓶梅》所描繪的，富商西門慶要娶新太太，負責安排的媒婆薛嫂：

用手掀起婦人裙子來，裙邊露出一對剛三寸恰半叉，一對尖尖金蓮腳來，穿著大紅遍地金雲頭白綾高底鞋兒，與西門慶瞧，西門慶滿心歡喜。⑯

滿族在一六四四年推翻明朝，建立中國最後一個王朝清（1644-1912），清朝不尚纏足，而且多次禁止纏足，嚴厲程度不一。

清朝得天下之後，順治二年（一六四五年）馬上就下詔嚴禁纏足。但纏足之風反而日盛，甚至連旗女亦樂此不疲，禁令無效因而只好取消。十九世紀有些少數族裔者亦纏足：湖南省的猶太人，甘肅之外的穆斯林。不過蒙古人和藏人，以及中國南部的客家人則不纏足。總體說來，家貧者較少纏足，尤其在南方農事繁忙之地，婦女也需下田幫忙，因此不纏足。但也有報導說，在湖南的城市，就連乞丐和挑水者亦纏足，北方的鄉下地方亦然。⑰

因此到十九世紀後期，中國婦女，尤其是上流社會的婦女，爲女纏足已經近千年，雖然皇室下詔禁纏足也斷斷續續維持了兩個世紀。天足婦女常遭嘲笑，小腳女人，尤其是不到三寸的金蓮，則大受讚賞，成爲性感恩物。小說和春宮指南常提到男子受纏足婦女一步三搖的姿態而心旌搖曳，或者因把玩解下裹腳布的金蓮而魂飛天外，魄散九霄；它們描繪男人可以把玩情人小腳的性姿態。另外也有公開的小腳比賽，觀衆得以評鑑品賞裹著絲緞金蓮的大小和比例。⑱

小腳一雙，眼淚一缸

女性纏足，有時甚至在三、四歲爲之。如果要把腳纏得小纏得漂亮，其痛苦自是難忍。纏足要把大拇指外的其他四趾向腳底扳曲，並要把腳骨用力扭折，使其成爲彎弓拱狀，讓腳背高高隆起呈弓形，腳底則深深凹入。纏足時得清洗出血、化膿，有時還會潰爛，腳趾因而脫落。經過數月或數年，疼痛終於逐漸減輕，很可能是因爲感官神經遭到永久性的破壞，但纏足婦女往往不良於行。十九世紀的教會醫師——當然他們免不了有種族優越感，常報導有潰瘍、壞疽、甚至喪失一足或雙腿的情況，在最嚴重的時候，則會導致死亡。⑲

小腳很少能達到三寸金蓮這個理想的長度，尤其是在上流社會之外。農民和勞工往往會放寬纏足的形式，也許在女子年紀較長之後再纏，其過程比較不那麼嚴格，也比較不那麼痛苦。一名纏足老嫗的丈夫說，一般勞動婦女的五寸小腳比較不會影響走路或負荷重物；而三寸金蓮則根本不能走長路。通常三寸金蓮的婦女都得坐轎，如果行走時亦需僕侍攙扶，而大部分的纏足婦女並不需要這樣的協助。⑳

由於裹腳布日夜都得纏著，因此小腳有一股特殊的氣味——有的人認爲這種味道是惡臭，有的人卻覺得這種味道很性感。十八世紀曾有自詡爲「香蓮博士」的文人，曾著《金園雜纂》，收集了有關蓮足的諸多言論，其中有此珠璣：

> 不可過——解纏卒聞足氣。㉑

因此可以說，人人都明白纏足非但限制了活動，讓婦女只能大門不出二門不邁，受限於男人，而且這個過程也極其痛苦。

幾乎在纏足一開始之時，就有文人反對。宋朝（960-1279）車若永在其《腳氣集》裡對此提出質疑：「小兒未四五歲，無罪無辜，而使之受無限之苦。」俗諺有云：小腳一雙，眼淚一缸。就連喜纏足者都承認它造成婦女的痛苦。香蓮博士的蓮足格言還有：

惡不久——慈母為愛女行纏。

不忍聞——初纏嬌女，病足呻吟。㉒

就像決鬥一樣，使纏足終於消失的原因，絕非反對之言論，這些反對之論十分明白，而且早在金蓮風氣初起之時已有之。

帝國末日

要瞭解二十世紀之初纏足之習俗終於廢除的緣由，必須要瞭解十九世紀末清朝衰落之時，中國發生的許多變化。清朝是滿族建立的朝代。十七世紀初努爾哈赤建立的後金終於達到長久以來征服中土的目標，而一旦他們平定流寇，打敗攻陷北京的李自成之後，就掌控了整個中原。

雖然滿族已經征服了明朝的帝國，但依舊保持舊有中國政府的架構，尤其保留科舉制度，維持士大夫階級。㉓由一七三六至一七七九年統治中國的乾隆皇帝，命三百五十餘名學者及近四千名抄寫員由一七七三至一七九八年編撰總共兩百三十萬頁的《四庫全書》（雖然他也查禁在各方面有所違礙的圖書數千多種）。在宮廷中，一個重要的職位就是帝師，而在其諸多工作中，有一項就是引導皇帝研習中國哲學道統。

文人學者中最成功的是通過科舉，獲得功名利祿，免除勞役，並可穿上獨特士大夫服飾的人。㉔在這數百年中，退休的仕紳回到故鄉，散布全帝國，㉕他們精通古籍，飽讀詩書，擅長書畫，這些都是這個階級的特色。如果說十八世紀的英國紳士是以劍做爲定義，那麼在中國，千年以來的文人都崇尚以筆治天下。十八世紀英國紳士居住在鄉間，只有在戰場爲國王效命；而中國紳士的理想則是學而優則仕，不論在地方或是在首都，或是在各省城，都可爲皇帝效力。

清代的社會在文化上越來越保守而且在道德上也益發嚴格，這部分是因爲大家認爲明代的潰亡是因未能恪遵儒家對責任的觀念，以致道德淪喪之故。儒家理想顯示在諸多方面，比如在整個十八世紀以及十九世紀初，越來越多上流社會的寡婦都不願再嫁，獎勵節婦與烈女的貞節牌坊數目多到難以計數，如史學家伊沛霞（Patricia Ebrey）所言：「因此一八二七年政府下令只能建集體牌坊，一八四三年更限定唯有走極端自殺的節婦才能接受旌表。」㉖

這種保守主義加上中央政府的強化，產生了一個穩定的社會，而且由全球標準來看，在科技上也算先進，只是極其封建和獨裁。然而自一六六二至一七九五的康熙、雍正，和乾隆三位皇帝擴展了疆域，掌握了國家大權，但周遭的世界卻已經進逼。中國人雖已經和日本及葡、荷、英等歐洲各航海國家交易數世紀，但顯然認爲外國人低人一等。一七九三年，乾隆皇帝接受漢臣的觀念，接見英國使臣，回應英國的外交序曲，但其態度是把英國當成仰慕天朝的諸多次等國家之一：

> 諮爾國王遠在重洋，傾心向化，特遣使恭齎表章，航海來廷，叩祝萬壽，並備進方物，用將忱悃。

雖然乾隆「念其誠心遠獻，特諭該管衙門收納」英王喬治三世的貢品，但他覺得有必要指出他是因爲英國人之誠心才笑納這些禮物：「其實天朝德威遠被，萬國來王，種種貴重之物，梯航畢集，無所不有。爾之正使等所親見。然從不貴奇巧，並無更需爾國制辦物件。」㉗不論這是否做態假裝，其誤解都很滑稽。

半個世紀後，船堅砲利的英國已經能由半個地球之外的首都威脅中國，美國也用汽船裝滿火藥，橫跨太平洋耀武揚威。一八五四年，美國海軍准將佩里（Commodore Perry）率領艦隊，敲開了日本國門，迫使日本結束兩個多世紀的鎖國。再過數十年，經過明治維新，日本也成了重要的現代經濟和軍事大國。工業化已經改變了世界，而中國未能迎頭趕上，對其地位產生了嚴重的影響。

中國首次注意到現代化列強所帶來的問題，是發生在一八四〇年代第一次鴉片戰爭之時。英國爲謀商業利益，在其殖民地印度種植鴉片，裝運來華銷售。十八世紀末，在孟加拉製作鴉片的東印度公司違反中國皇帝的諭令，以複雜的走私系統，增加了鴉片在中國的供貨量，以鴉片來支付茶葉的貨款。一八三九年，清朝統治者認爲鴉片對人民和國庫爲害劇烈——鴉片大量輸入，使中國每年白銀外流嚴重，國庫空虛，不能再這樣下去，因此皇帝頒布禁煙令，並派欽差大臣兩廣總督林則徐前往唯一准許歐洲人居住及貿易、進口鴉片的城市廣州，負責執行。

一八三九年五月，英國駐華商務總監查理．義律（Charles Elliot, 1801-1875 年，英國軍人和殖民地官員）被迫交出鴉片，準備銷毀。兩個月後，醉酒的英國水手在九龍海岸破壞廟宇並殺害一名華人，中方要求英方交出水手審訊，但義律拒絕了。中方堅持英方不但要同意停止鴉片交易，並且承認中國法庭的權威，但義律卻命所有英國僑民離開廣州，中止和中國的貿易。

一八四〇年夏，英國艦隊由新加坡出發，要以武力打開中國通商門戶。英國除了艦船四十餘艘、砲艦四艘，載有英國、印度士兵四千人，抵達中國廣東海面。林則徐不為所動，在六月英艦停泊澳門外海時上奏皇帝，說他們是來做鴉片交易，不致造成太多問題。「他們只是這樣而已，其實他們亦無其他可做。」[28]

但他大錯特錯。兩年內幾次海戰之後，英軍占領上海，包圍南京，中國投降，簽訂喪權辱國的南京條約，賠償巨額銀元、開放五口通商、降低關稅、割讓香港，且居於中國的英國臣民按英國法律管理。中國還給予英國最惠國待遇，意即將來給予任何第三國在任何方面的優惠和豁免，也都同樣給予英國。

接下來數十年，歐洲各國也進一步強迫中國開放貿易，其中包括強迫開放通商口岸，鴉片貿易合法化。他們藉著陸海兩方的軍事優勢達到了這些目的。一八四六年，在法國政府堅持之下，中國正式頒布天主教弛禁令，傳教士可以進入中國全境，此舉後來對纏足的風俗有莫大影響。㉙

南京條約喪權辱國，再加上接下來數十年在洋人武力威脅恫嚇之下似乎無止無境的讓步——一直到半世紀之後引起康有為等人行動的馬關條約為止，使清廷權威大損。再加上一連串內亂使情況越來越糟，最後在一八五〇—五四年間，爆發了太平天國之亂，這是由來自廣東省農家的客家人洪秀全所領導，他熟讀四書五經，教育程度可以參加會考（雖然未考取）。

洪秀全接觸到基督教，他重病昏迷，病中幻覺有一中年白人對他說，他是耶穌基督的弟弟，到人間來替天行道，於是建立太平天國，以南京為首都。由於他們保持中國自古以來的蓄髮傳統，未按清朝強迫漢人遵行的薙髮風俗，故清廷蔑稱其為「長毛賊」。

洪秀全在教會學得了基督教的一些做法，也祈禱唱詩，並嚴禁酒精、鴉片、嫖妓，他並主張廢中國傳統，包括祖祠和廟宇（他認爲是崇拜偶像），而且回到我們的主題，他也反對纏足。洪秀全把這些反中國傳統的做法和反滿清的情緒結合在一起，因此在一八五三年攻陷南京時，殺盡旗人男女和小孩，許多人慘死。

洪秀全反對纏足，預告了後來更正統歐美傳教士的態度。洪秀全表現的很可能是傳統客家人對這種做法的厭惡。㉚由於太平天國主張男女平權——這並非基督福音的主題，因此很難瞭解他反對纏足的態度中，究竟有多少是基督教義，又有多少是出於女性主義。如我先前所言，在一八五〇年代之前，纏足使女性「安於室」，在中國是相當普遍的做法。

當然，洪秀全是失控的異端——他在幻覺中見到耶穌命他到人間斬妖除魔，因此在如上海等沿岸城市已經站穩腳步的歐洲傳教士並沒有視之爲盟友。太平軍在一八六〇年代初期接近上海時，遭歐洲軍方擊退。最後出身湖南的儒家文人曾國藩，和許多漢人一樣，對洪秀全反孔反儒的做法不敢苟同，他指揮十萬湘軍打敗了太平軍。曾國藩剿滅太平天國時，洪秀全已經死了，但大家已經注意到太平天國顯露出清朝的頹勢，曾國藩必須不斷移師，擊潰各處的亂軍。

外患內憂，使北京的一些大臣認爲他們必須師法外國，他們組織了「自強運動」，由恭親王奕訢主持。這樣的政策在各省則由曾國藩及其門生等人執行，曾國藩本人在平定太平天國之後獲得較大的權力，[31]其門生李鴻章在一八六四年上書北京，認爲中國正面臨西元前二二一年周朝統一天下以來最大的危機，他認爲中國應該取法西方科技，訓練人才以製造並應用這些科技。[32]清廷允許辦報，設翻譯學堂，建造船塢及工廠、開發煤礦和棉花廠，並訂購現代武器及船隻，同時也建立了第一批鐵路和電報局，並由東京到華府，在世界各大首都設中國大使館。

中國男女兩性都開始到日本甚至歐美學習，但慈禧太后卻並沒有完全傾向主張這些變革的人，反而讓他們和儒家的傳統派較勁。當時許多文人都反對自強運動的主張，他們覺得這就是像日本那樣，接受西化，但他們害怕改變，逃避嘗試，就像梅爾維爾知名的小說《抄寫員巴托比》（*Bartleby the Scrivener*）的主角一樣，他們寧可不要任何變化與溝通。

他們不但不喜歡主張現代化的本國人，也視外國基督徒爲威脅，危及他們知識分子的地位，其中新教徒傳教士，尤其是女人，對中國婦女纏足習俗的反對，正是論爭的焦點之一。

文人的反應

先前中國已有傳教士：最有名的是一五八二年抵達的利瑪竇（Matteo Ricci），及他的耶穌會傳教士同僚，但當時他們是在中國政府的准許下入境，穿著打扮都如華人，而且如果他們住在北京，也就意味著他們永不返鄉。十九世紀後期是基督教傳教士首次獲准幾乎來去自如，來自歐洲和北美的天主教和新教傳教士建設了教堂、學校，也讓一些中國人信了教——尤其是窮人，這在基督教傳教史上屢見不鮮。不過新教和天主教傳教士不同的是，他們的傳教士男女皆有，這些女性傳教士自信地邁開大腳，以教育和提升婦女爲職志。

一個世代以前，哥倫比亞大學研究生維吉尼亞·周（Virginia Chau）在碩士論文中指出，在基督教士來到中國之前，文人之間就已經有反纏足者。她指出十七世紀就有一明朝詩人喜滿洲婦女的大腳趾，而十八世紀後期，欣賞女性詩文並收女性爲弟子的詩人袁枚在《答人求妾書》中說：「李後主使窈娘裹足，作新月之形，相傳爲纏足之濫觴；然後主亡國之君，矯揉造作，何足爲典？」[33]同代詩人 Qian Yong 指出，古代並無纏足，並認爲纏足之風盛行和國家積弱有歷史上的關聯，他還說既然低等階層已經採行纏足，文人仕紳就該避免之——其論證與培根的方法如出一轍。[34]

這篇論文還指出《鏡花緣》作者李汝珍（一八二八年出版，但可能前二十年就已經開始寫作）在這本中國的《格列佛遊記》中，以諷刺手法表達了他對婦女的同情。他描寫主角林之洋來到女兒國，被女國王選爲妃子，必須經歷纏足的疼痛和羞辱。吃了幾天苦頭後，林之洋一把扯下繡花鞋和裹腳的白綾，「口口聲聲只教保母去奏國王，情願立刻處死，若要纏足，至死不能」。[35]

雖然先前有這些文人的批評，但有組織的反抗唯有在傳教士干預之後才開始出現。基督教的女生學校於一八六〇年代在中國各地設立，在杭州，英國聖公會（Church Mission）於一八六七年設立女學，如立德太太所寫道：「首先就要女子解纏足，而且不該逼使她們違背自己的意願婚嫁……」同樣地，基督教衛理公會（Methodist）在北京開設女學時，也要求所有的女生得解纏足。[36]

一八七四年，已經推廣反纏足運動達十五年之久的倫敦傳道會（London Mission Society）的麥嘉湖（John Macgowan，漢名麥嘉湖，或譯馬約翰，或麥高文）牧師偕妻在廈門召開基督徒婦女會議，「會後九名婦女在中國牧師幫她們寫的名字旁畫十字，『簽署』誓言，在家裡屋外廢止纏足這種異教徒的做法。」[37]隨後也有越來越多的婦女，大半是勞工階級的女性加入，發誓不爲女兒纏足，不讓她們受自身所受過纏足之苦。[38]但這樣的進展極慢。數十年來麥嘉湖一直努力爭取民眾加入戒纏足會，這個中文名稱也呼應了「戒（鴉片）會」的名稱，到一世紀之後，也發展出戒酒無名會（Alcoholics Anonymous）。[39]這是中國第一個反纏足組織。

自一八八〇年起，這個運動獲得了越來越多留洋歸國的中國男女支持，這其中也包括士大夫和富商巨賈階層赴日留學的年輕女性，如今返國一心要教養新一代的中國女子，在身心雙方面都更適應解放的世界。這些人是中國頭一批女性主義者，以男女平等爲己任。她們創建的學校把體育和運動也納入課程的核心。這些做法的前提是婦女不得纏足。[40]

而在傳教士方面則以士大夫階級爲勸導的對象，他們創辦報章雜誌，包括美國南方監理會（American Southern Methodist Episcopal Mission）牧師林樂知（John Allen, 1836-1907）

創辦並編輯的《萬國公報》，以古典中文讓中國文人接觸到外面世界的想法和事件，讓他們在面對自己社會的危機時，有新的選擇。同樣影響深遠的還有大英浸信會（Baptist Missionary Society）李提摩太（Timothy Richard, 1845-1919）牧師應李鴻章之邀，在天津任中文《時報》主筆。㊶

李提摩太比大部分新教徒都瞭解，中國的關鍵在於士大夫，他打扮穿著和他們一樣，並且花許多時間精力和金錢寫作、翻譯，以及出版基督教的文學——教義問答、講道、新約，並且研習科舉考試內容的儒家經典。他看到山東山西苦旱，餓殍遍野的慘狀，以及滿清政權及官吏無力應付的情況，認爲中國最需要的是現代科學知識——和基督教，是西方文化最偉大的果實。他寫道：「考量西方文明。」

> 我認為它對中國文明的優勢在於它要探討神在自然界的作為，以及把大自然的法則用來服務人群……我深信，如果能夠說服知識分子和高官，讓他們對科學的奇蹟產生興趣，我就能向他們說明，該如何運用神在自然界的力量來造福其同胞。如此這般，我可以影響他們建造鐵路、開採礦產、避免饑荒，拯救人民免於貧窮。㊷

吸引中國仕紳文人的，是這種以科學和科技為人類之用的現代化基督教。本章開始所提到反纏足的進士康有為就曾說：「我信仰維新，主要歸功於兩位傳教士，李提摩太牧師和林樂知牧師的著作。」㊸但我們必須澄清，他信仰的是維新，而非基督教。

的確，當時基督教傳教士缺乏進展的就是傳教。費正清（John King Fairbank）和戈德曼（Merle Goldman）在《費正清論中國——中國新史》（*China: A New History*）中寫道：「到一八九四年，新教傳教士已超過一千三百人，其中大部分是英、美、加拿大籍，共派駐大約五百個地點，每一處都有教會、宿舍、街上的小禮拜堂，通常也設有一所小學校，可能還設有醫院或診療所。五百個據點分布於大約三百五十個大城小鎮中。」然而，在這個人口達四億的國家，他們吸收到的中國信徒不滿六萬人。㊹對許多支持他們的中國人而言，這些教士帶來的福音是西方的現代化，而非基督的救贖。

當然，西化的報章雜誌也讓如康有為一般的讀書人視野大開，而這些讀者也開始組成第二種的反纏足會社。康有為在自傳中寫道，他在一八八三年買了幾冊《萬國公報》，開始認識了西方思想，也使他開始思索纏足問題。㊺他說兒時他見姊妹纏足之苦，到後來也不肯讓自己的女兒纏足，雖然家人力勸，但他反而於一八九四年聯合曾旅美的開明鄉紳諤良，在廣州成立了「不裹足會」，後來會址遷至上海，共有會員上萬人。[46]到一八九八年，他上奏〈請禁婦女裹足摺〉，希望一勞永逸解決這個問題。

麥嘉湖代表的是傳教士的力量，而康有爲則是改革派的讀書人。在天足運動最後的發展中，還有一個重要的聲音：旅居國外的婦女菁英，商賈和沿海商港官員的妻子。在一八九〇年代，麥嘉湖在上海認識了立德太太，在他啓發之下，她召集了上海的菁英婦女，請麥嘉湖演講，並成立新的全國天足會，立德太太翻譯爲「自然足會」（Natural Foot Society，不過麥嘉湖偏愛用天足會〔Heavenly Foot Society〕），以強調放棄不合基督傳統的宗教意涵）。[47]李提摩太則協助他們製作出版反纏足的宣傳手冊。

立德太太在嫁給約在三十年前就來到東方的英國殷實商人立德先生之後，在一八八七年來到中國，居於四川重慶。先前她以閨名艾莉西亞．比尤伊克（Alicia Bewicke）已經寫了一些有錢人空虛的社交生活和婚姻市場之愚昧的諷刺小說，自有一番事業，[48]因此她雖身爲年輕女子，卻有獨立的生活，而且在她丈夫的支持下，在全中國境內發動了反纏足的運動。

或許因爲立德太太不是傳教士，因此看出在這個儒家社會，把反纏足和基督教結合是不智之舉。她在全國巡迴演講，對象不只是一般人，也包括讀書人。一九〇〇年，她也說服當時的廣州總督李鴻章支持她的目標。

而其他文人也有同樣的想法。一八九七年，兩湖總督張之洞爲文支持反纏足，這是天足會最有力的武器。㊾立德太太在湖北的首府武漢舉行的一次會議中，以張之洞獨樹一幟的書法製作「大標語牌」，結果「有一名武官只顧研究標語，而不聆聽我的苦口婆心，但最後他簽名成爲我們的會員……」㊿立德太太在一九〇七年陪生病的夫婿返英，天足會的領導權轉交華人手中，但很快就消失了(51)——不是因爲它失去支持，而是因爲其論點已經四處流傳——至少在上層階級。

十九世紀的中國在面對他們社會所面臨的問題時，不論是主張現代化的知識菁英，或是抗拒現代化的人，都受到對國家的忠誠以及知識分子的傳統所引導。許多主張現代化的士大夫都堅持體（實質）和用（應用）之分，他們主張「中學爲體，西學爲用」。(52)他們抨擊纏足，說這是孔子時代聞所未聞的做法，而且也是在孔子去世後千年才開始有人纏足。也有人說，傳教士和天足會的論點和刊物對這些知識分子的思想有很深的影響，彰顯了纏足造成了外人對中國及其文明的輕視不敬。

榮譽世界

我在前面說過，榮譽存在於榮譽世界：一群人承認同樣的法則，也追求同一群人的尊重。不過我們也要瞭解，榮譽世界未必只限於自己的社會。亨利五世當然認爲他應得到外國親王的尊重，你的榮譽世界也包含了瞭解並承認榮譽法則的人，雖然這些法則未必要求這些人（比如英國的農夫）做任何事。十九世紀初，中國知識分子的榮譽世界並不包括其他地方的人，但康有爲的奏摺卻顯示，到十九世紀末，至少已經有一些人視自己爲更廣大世界的一分子，也相互評斷對方的社會。現在他們的榮譽世界包括了日本人、歐洲人，和美國人，他們的批評破壞了大家對中國的尊重。

在榮譽世界，有些人被當作你的同輩，因爲榮譽法則對你和對他們有一樣的要求。對哈爾王子而言，就他的軍事榮譽方面，他的榮譽同輩是紳士，而且不只是英國紳士，而是所有的紳士。英國婦女的榮譽同輩是其他所有的婦女，即使她們奉行不同的規範亦然。由於人不瞭解榮譽法則是某個特定社會和特定地方的產品，因此他們可能誤把不是他們榮譽同輩的人，當成是他們的同輩。而且你的榮譽世界也不只是由你的榮譽同輩組成，如我們之所見，許多榮譽法則雖然對婦女和男子的要求不同（最常見的是對貞潔的要求），但男女兩性都屬於這些法則的榮譽世界。傳教士發揮他們影響力的一個方法，就是強調他們視讀書人為他們榮譽世界的成員。如李提摩太牧師非但作仕人裝扮，而且尊崇儒家傳統，也鼓勵了中西不只訴求同樣的榮譽標準，而且甚至是榮譽同輩的想法。

義和團之亂及其餘波

一八九八年讓康有為發揮影響力的百日維新，結束得就和開始一樣突然。皇帝推動的激進改革讓宮中和首都的官僚惴惴不安，他們是由舊制科舉產生，對新科學完全不瞭解，不希望遭到廢黜。保守派勢力等到獲得太后支持之後，發動政變，康有為幸運逃至日本，其他六名改革領袖，包括康有為的弟弟康廣仁被處決。太后回到權力中心，即使在皇帝面前，依舊「垂簾聽政」。[53] 因此一九〇〇年漫長而酷熱的夏日，在清朝最後一個大動亂——八國聯軍時，是由她主政。[54]

義和團認為他們社會的問題是來自洋人在中國破壞了氣的流動，以鐵路和電線杆干擾了大自然的風水，挖墳則驚動了祖先。他們顯然有宮廷中保守滿洲鐵帽子王一派的支持，認爲可以藉義和團的力量一舉殲滅外國勢力。但負責外交事務以總理衙門爲主的另一派則認爲向歐洲強權及日本挑釁是不智之舉，而瞭解洋人的這一派果然是對的。西方國家出兵鎮壓，重建北京秩序時，輕而易舉就打敗了中國守軍，攻陷皇宮和北京。

李鴻章與聯軍議和，簽訂辛丑條約，條件與其他一系列不平等條約一樣喪權辱國，但慈禧保住地位，清朝還可以繼續苟延殘喘十年。[55]

到一九〇二年，慈禧本人也頒布懿旨勸禁纏足，主張此舉有礙健康，但她是勸非禁，「此後縉紳之家，務當婉切勸諭，使之家喻戶曉，以期漸除積習。」她謹慎地避開了「禁止」之詞，並繼續說：「斷不准宮中胥役，藉詞禁令，擾累民間。」[56]這雖不是禁止的警鐘，但至少是個開始，也反映出皇室更進一步受外人壓力的情況。到一九〇八年十一月十四日，光緒帝薨，第二天，慈禧也駕崩。滿清最後一任皇帝還不及三歲，等一九一二年二月他七歲時正式退位。

在清朝告終之時，由主張現代改革派領導的民國成立，許多元老都在西方或日本受過教育，他們更強力主張廢纏足。一九一一年三月，孫中山下令廢纏足陋習[57]，這和豬尾巴般的髮辮一樣，是舊帝國的象徵，新民國將要取消。除了要把儒學變成「儒教」，並要將之立為國教的短命袁世凱之外，接下來中國的領導人，不論是共產黨或國民黨，都是反對纏足的現代派，主張男女平權，並鼓勵婦女參與運動，發展身體。58 他們所繼承的中國已經喪失了對纏足的信心。

榮譽的地位

反纏足運動的根源在基督教傳教士和西方商賈菁英，但也和像康有為這樣的文人息息相關。這些文人認為，如果中國要在現代世界中立足，某種程度的西化是必須的，他們的出發點首先是對國家有益：如果廢纏足也能造福婦女，那更好。所以他們的文章有一股愛國情操，有些論點純是功能性的，比如他們說，由於小腳婦女無法逃走，使洋人軍事侵略時情況更糟；他們也主張天足婦女可以參與運動，健強體魄，因此能生育更健康的子女。但他們也經常堅持纏足為國恥，因此非廢不可。在康有為的奏摺中，就以此為中心論點。

如維吉尼亞．周所指出的，這篇奏摺開宗明義就說：「外人拍影傳笑，譏為野蠻久矣。而最駭笑取辱者，莫如婦女裹足一事」，文末則以下文收尾：

以國之政法論，則濫無辜之非刑；以家之慈恩論，則傷父母之仁愛；以人之衛生論，則折骨無用之致疾；以兵之競強論，則弱種輾轉之謬傳；以俗之美觀論，則野蠻貽誚於鄰國。是可忍也，孰不可忍？59

康有爲以國家榮譽——或者國家恥辱，爲文章之始與末。其弟子梁啓超也是二十世紀初中國知識分子中的領導人，他在一八九六年寫道：「強男之頭，不如弱女之足。遂留此謬種，孳乳流衍，曆數百年，日盛一日，內違聖明之製，外遺異族之笑。」60

對國家榮譽的重視也一直持續到新世紀，在纏足已經沒落之後許久，依舊引人關切。一名作家在一九三〇年代提出，爲什麼不讓纏足慢慢消失——像當初纏足流行起來那樣，讓窮人跟隨富人的典範，他說：「爲什麼要多事干預？如果我們說小腳非廢不可，因爲外國人以我們纏足而取笑我們，那麼我們該承認，他們也爲了其他的原因而取笑我們。」中國人旅居世界各地，纏足如影隨形。李維敘述，一九三〇年代中期，有中國婦女在巴黎街頭靠小腳維生，她公開展示金蓮，向參觀者索費。他寫道：「旅居巴黎的中國人義憤塡膺，向中國大使館抗議，說她的行爲有損國譽。」一名日本學者也在一九三九年一針見血地說明：反纏足的目標是「挽回中國的國家顏面」。61

雙管齊下

大部分的現代人都會認為關心國家的榮譽是理所當然，因此讀者很容易瞭解本章的故事。但若仔細想來，這背後的想法其實有點奇特。若以個人而言，我們可以瞭解榮譽為什麼有其意義。我們每一個都喜歡受到尊重，應得的榮譽彌足珍貴，而且通常反應出按你自己的標準，你有什麼樣的表現（畢竟連結整個榮譽世界的是共同的標準）。因此在個人方面，別人對你表示尊重，讓你得到榮譽，使你有理由相信你達到了自己的理想。但為什麼我的價值會和以我國家為名的事物綁在一塊？人們尊重我們，是因為我們屬於某種可以估量的社會群體，不尊重我們，是因為我們屬於有爭議的社會群體。但難道我們不該問他們為什麼這樣嗎？如果有人因為我的國家而有好的表現，很難瞭解為什麼我——和值得讚譽的同胞會有應得到的榮譽。

對這樣的問題，一個反應是：在我們國家受到不尊重時，否認我們感受的是真正的恥辱。或許我們的感覺就像我們喜歡的人被人逮到在做壞事一樣；你自己並不覺得恥辱，而是爲他們覺得恥辱。就像我們看到朋友切菜時割到手會畏縮一樣，我們在他有不誠實的表現時，也會爲他臉紅。

這種同理心當然解釋了有些時候我們會產生毫無根據的感受，或許該說，毫無標準根據的感受。但在討論國家的榮辱時，這卻不是可信的解釋，因爲通常並沒有人會以這樣的同理心回應。當國會通過愚蠢的決議時，我分享的是誰的個人恥辱？我並不知道哪些國會議員投了贊成票，哪些投了反對票。但即使我們並沒有可認同之人——比如我軍有人行爲殘暴，教人羞慚，但我們依舊可以區分我們爲某人臉紅和國家恥辱感之別，並不是因爲如果他們背叛我們，我們也許根本就不會同情他們。

我想有更好的方式可以瞭解國家榮譽，這是由一個初步的觀察開始：我們所屬的許多群體都集體行動，有時我們說國家採取了行動，這話一點不假，而且不只是民主國家如此。如果一個國家開戰，或者貿易禁運，或者提供人道援助，或者在聯合國安理會支持某一決議，都代表了全體國民一起而非個人的行動。這個行爲是以國民之名爲之，但他們的行爲往往比表面上的名義更深入。以國家之名有所作爲的個人，是由他們共同創造的文化塑造出來，在由公民選出的政府命令之下，他們回應由這國家人民所組成公民社會所傳達且維持的價值。如果能明言我們國家的目標，以及導引追求他們的世界景象，那麼我們也可以說，國家的作爲就是我們人民一起做的行爲。

我們該以字面或比喻的方式來瞭解集體代理人行爲之言論，而哪些集體代理人可以用這樣的方式來談，是哲學界最近的熱烈話題。在此我並不想有任何立場，只要說明我們的確會這樣說，而且也會繼續這樣說。

但我們有更好的論點。在諾貝爾文學獎得主柯慈（J. M. Coetzee）最近的小說《凶年紀事》（*Diary of a Bad Year*）中，主角在他回應《紐約客》雜誌報導美國當局已經認可酷刑並且推翻它慣例的一篇文章中寫道：

> 狄摩西尼斯（Demosthenes，西元前 384-322，雅典政治家）：奴隸只怕疼痛，而自由人最怕的則是恥辱。如果我們同意《紐約客》所說的為真，那麼美國個人的問題就成了道德問題：在面對這樣恥辱的情況下，我該如採取什麼樣的行為？我該如何拯救我的榮譽？

國家榮譽的情操爲什麼値得保存，下面是一個提醒：就像個人榮譽一樣，它可以刺激我們一起行動，瞭解我們是否可以一起做正確的事。雖然這個問題屬於道德層面，但讓每一位國民加入其中卻不只是道德，而且還有榮譽的成分。就如威靈頓公爵的決鬥，爭論的問題是威靈頓公爵是否誠實，但挑戰的動機卻是維護榮譽一樣，康有爲天足運動的問題在於女孩纏足所受的痛苦折磨，但驅使他這樣做的動機也是榮譽。柯慈小說的敘述者一語道破我們在這些共同感受中可能別無選擇，就像我們得爲自己的尊嚴而戰一樣。

他反省自己對西貝流士第五號交響曲激動的反應：作者要聽衆感受到的那種「充沛豐盈的激動」感受。

> 我疑惑約一世紀前，在赫爾辛基聆聽這首交響曲首演的芬蘭聽眾會有什麼樣的感受，感覺那種滿溢豐盈淹沒自己？答案是：他應該會覺得驕傲，驕傲我們國人之中有人能把這樣的聲音拼合在一起，驕傲我們的人能夠無中生有，創造這樣的作品。這和我們，我們美國人，因關塔那摩（Guantanamo，美國海軍基地，用於拘留

和審訊在阿富汗與伊拉克等地區的戰事中捕獲的恐怖活動疑犯、戰俘，而受到關注）而感到的恥辱相映。音樂作品一方面是施加痛苦，另一方面也是侮辱的工具：是人類所能的最好與最壞。[62]

在他們的國家或同胞作爲中感受到驕傲或恥辱的人，所面對的榮譽世界是整個人類的世界。要感受到這些情操，你必須有美國獨立宣言中，托馬斯·傑佛遜（Thomas Jefferson）所謂的「對人類意見的得體的尊重」。康有爲因爲關懷其他人對他同胞的尊重，因此必須去思考外界的人，他們的尊重是重要的；他並沒有長久以來中國對蠻人（如乾隆皇帝對喬治三世的大使）所抱持的輕視態度。視自己的國家爲包含其他國家在內更寬廣世界舞台中的一員，這種態度是現代國家主義核心的心理基礎，也是爲什麼國家榮譽可以動員來激勵國民的原因。[63]

促使我們去做國家需要我們所做的動力，部分在於對國家的驕傲，這種驕傲仰賴於我們認爲「我們」做了偉大的事，也就是說，它仰賴我們有權獲得國家尊重的想法：我們是個有榮譽的國家。一八八二年，偉大的法國歷史學家和國家主義者恩內斯特·雷南

(Ernest Renan, 1823-1892)在他那篇著名的論文〈國家是甚麼？．〉中掌握了其精髓，他寫道：

> 國家，就像個人一樣，是長久過去努力、犧牲，和奉獻行為的高潮。祖先的崇拜是最正當合理的：祖先成就了我們。偉大的過去，偉大的人，榮耀——我指的是真正的榮耀，這就是國家這個觀念做為基礎的社會資本。⑭

愛國主義有時遭批評爲是一種形式偶像崇拜，由於它牽涉到對你國家的信念，因此它的確也有部分宗教信仰的心理學。不過，人們很難信仰自己的國家，除非你先對它的成就有很高的評價。愛國主義並不是要你相信在所有的國家中，自己的國家比較好，遑論最好。但只要你相信你國家的故事中有一些獨特的成分，值得驕傲，就如康有爲對中國的儒家傳統感到驕傲一樣，它就能發揮良好的效果。

纏足大解放

解放纏足的速度驚人地快。麥基在檢視了我們有的統計數據之後，結論說：「纏足終止的時間，是由一九〇〇年的義和團之亂和一九一一年的辛亥革命之間，當然是起於較大城市的上層階級，雖然開始中止的時間不一，但只要一開始，就會很快地結束。雖然在二十世紀還偶見纏足，但這行諸千年的做法，最後基本上是在一個世代之間消失。如一位社會學者的資料可見，」麥基說：「在北京南方約兩百公里、作風保守的定縣，纏足的比例由一八八九年的九九％、到一八九九年的九四％，到一九一九年的零。」65

是什麼最後造成纏足告終？在所有的婚姻都是經父母安排媒妁之言決定的社會，有極大的理由不能放棄爲女兒纏足，除非已經有男人願意娶她們。反纏足的協會社團針對這個困難，做了正中要害的回應；它不但讓未婚婦女解放纏足，也同時找來願意娶纏足解放女子的男人，雙管齊下——不爲女兒纏足，也不讓兒子娶小腳女人，這樣的做法正中時弊，而且在對照中國和其他地方之時，也很明顯看出——如日本，或基督布道團，婦女雖沒有纏足，依舊忠貞。

社會地位較低者之所以纏足，是因效法社會地位較高者這樣做之故，而一旦士大夫階級娶了不纏足的婦女爲妻，就不免會如當初纏足流行之時，一層層影響下來。簡言之，由於纏足是深植於地位身分的系統中，因此當社會菁英放棄纏足，就使其魅力大失，其運作機制就像英國決鬥之風消失一樣，非紳士身分的人也開始決鬥，減損了這種做法保障紳士榮譽的能力。

但要開始反纏足的風氣，首先得說服足夠多的菁英——足夠多的士大夫及其家人放棄纏足。在此，反對纏足的外人，以及曾經留學日本和西方國家的中國人，發揮了關鍵作用。在士大夫對中國傳統是否能保護他們防止西方列強入侵的能力產生懷疑之際，他們爲中國和先進工業化世界作出對照，說服一些菁英，認爲他們需要的是提倡改革。而他們說法的主旨，就在於國家的榮譽。

對許多飽學之士而言，這種必要的改革付出了莫大的代價。〈三寸金蓮：裹腳的祕史〉這篇談裹腳情色方面吸引力的文章中，匿名的作者說：「我國纏足在世界史上被當成落後的作風，舉世各地再沒有婦女比因此而受到更嚴重的足不出戶之苦，自然該徹底消滅禁絕，此後聞所未聞。」但他接著也不無惆悵地說：「我不惜耗費力氣寫出此文，以說明金蓮之用及其長存千年的祕密。」[66]

3 廢除大西洋奴隸制度

孜孜矻矻的、樸實低調的英國對抗奴隸制度之聖戰，或許可以收入國家史中三、四頁純屬美德的篇章。

——威廉・萊基，《歐洲道德史》（*History of European Morals*）①

國家的榮譽

歐洲大探險時代在哥倫布「發現」新大陸的關鍵時刻之後，造成了西半球的兩大結果，一是歐洲人殖民南北美洲，毀滅了美洲印第安人社會；二是把地中海種植園奴隸制度（plantation slavery）傳統轉移到大西洋幅員廣大陸地的島嶼和大陸上。種植園的開發需要大量的熱帶地區勞工供應，而這地區的原住民並不樂意效勞，他們習於此地生態，對地理十分熟悉，因此相當容易就逃脫歐洲殖民者的掌控，此外，大量的印第安人因對舊世界（非亞歐）的疾病缺乏免疫力，而感染舊世界的疾病而死亡。因此如果種植園要繼續發展，就需要新的勞工來源。

在此同時，歐洲與非洲之間的關係也日漸成長，何況當時許多非洲社會都受內戰影響，俘虜人數眾多。在這幾個世紀，只要新世界需要奴隸，西非洲的社會就以搶奪和交易奴隸建立經濟，販賣數以百萬計的人口給在西非沿海地區所設的歐洲奴隸堡。在十八、十九世紀之交，非歐洲人口的奴役是大西洋經濟的命脈，連接了歐洲、非洲，和南北美洲，和許多社會的內在經濟息息相關，也是全球貿易的核心。很少有道德革命能有這樣偉大的成果，在整個大西洋地區終止系統化地奴役非洲與非裔人民。

奴隸的廢除是非常了不起的工作，世界各地的思想家都承認其重要性。的確，即使在中國，爲了纏足而爭辯之時，思想先進的文人有時也會把他們的努力和西方廢黑奴的運動互作比喻。

我認爲這樣的比較並不相稱。的確，廢奴和反纏足運動都是反對長久以來積習的偉大道德運動。但奴隸是一種民族受另一種民族的壓制，而且以黑人徹底的屈服為恥辱；而纏足雖然受害者全是女人，卻是在漢族之間為之，而且是一種高尚而非低下的地位象徵。當然，纏足只限婦女，反映出婦女屈服於男人，不過女人次於男人並不表示她們受到羞辱；相反地，女性常常肩負家族的榮譽——我們將在下章再回頭來討論這個問題，即使她們以與男性不同的方式這麼做。

另外還有一個明顯的對照：奴隸很明顯不喜歡奴隸制度，而女性卻往往支持甚至推廣纏足。奴隸制度和纏足還有另一個清楚的歷史關聯，那就是他們的對手在各自的文化中，都視兩者為威脅到准許這樣做的國家的榮譽。

我們將會看到，在廢奴文學上，免不了國家榮譽這個主題，但我們也會看到，在辯論大西洋奴隸是否要廢除之時，還有其他更隱密的論點，把榮譽和其他的認同連結在一起。

英國榮譽和奴隸交易

英國國會在一八〇七年通過廢止奴隸交易，一八三三年，頒布英國殖民地的奴隸制不合法，一八三八年廢除了西印度群島繼奴隸制之後而生的黑人學徒制，終於解放了七十五萬餘名奴隸。在這些事件之後一世紀，大部分的英國歷史學者——其實連大部分思索過這個問題的英國人民，都認爲這是博愛勝過自利的例證。但在一九四四年，艾瑞克．威廉斯（Eric Williams, 1911-1981，後來擔任千里達托貝哥首任總理）在《資本主義和奴隸制度》（*Capitalism and Slavery*）中認爲，廢奴運動中的每一個過程，其實都反應出大不列顛的經濟利益。此書是承加勒比傳統——不服管教的卡利班（Caliban，是莎士比亞名劇《暴風雨》中不聽話又愚笨的奴僕角色），威廉斯的主旨是，奴隸交易之所以結束是自由貿易的結果，而且奴隸制之廢除正好是在以奴隸勞工爲主的西印度群島糖業不再有利之時。至於廢奴主義者，他們的人道主義是有所選擇的：他們忽視帝國之外的奴隸，和本國境內工和農作工人所受的折磨。因此廢奴主義的道德高調可以說是一種遮掩——也就是溫奇爾西伯爵所謂的「幌子」，掩飾眞正的在作用的經濟利益。② 總而言之，廢奴和博愛慈善毫不相干。

如果把政治當作個人、階級或國家追求自我利益的合理手段，那麼威廉斯的說法的確有理，他主張的是一種政治「現實主義」，對他所謂「崇高的道德或政治層面」③ 之說，都抱持懷疑的態度。不過廢奴這個教人大感困惑的做法，可以一言道破：威廉斯錯了：廢奴非但不是出於英國經濟利益而爲，而且的確是違反英國的利益，主張廢奴的人全都瞭解這點。我們也許太過悲觀，不相信我在本章最前所引用萊基的文句：「孜孜矻矻的、樸實低調的英國對抗奴隸制度之聖戰，或許可以收入國家史中三、四頁純屬美德的篇章。」但廢奴運動絕非「自私自利」的結果。

英國是偉大的航海貿易帝國，靠著全球貿易而致富，而廢奴的決定違反其經濟利益的證據也不容忽視。在廢奴之時，西非的奴隸供應正值高峰，奴隸的價格也下降。[4]雖然有許多人秉承亞當・史密斯之精神，主張經濟利益高於自由勞力，但十九世紀初以獅子山解放黑奴所做的實驗並不能證明此點。正在英國廢奴的過程之中，奴隸市場的產品在全球經濟上卻日益重要，也益發成爲英國消費和生產的重心。

研究廢奴的偉大歷史學者西摩・崔契爾（Seymour Drescher）曾非常有力地指出，當時非但在供應方面，沒有經濟理由該放棄奴隸制，而且在需求方面亦然。糖的生產幾乎全靠奴隸，而自一七八〇年代（也就是大規模反奴隸運動於英國展開之時）到一八四〇年爲止，除了法國和美國革命之外，糖的生產有增無減。[5]他另外也指出，在一七八七至一八三八年間，奴隸爲方興未艾英國棉花業生產的棉花比例，由原先的七〇％增加爲近九〇％。而在這段期間，並沒有自由勞工可以取代奴隸，生產這兩種商品。

世界史研究先驅威廉・麥克尼爾（William McNeil）曾指出，十九世紀初英國人口的成長使奴隸勞工不再有其必要，這也造成了反奴隸的觀念，但這種說法卻缺乏證據。如果英國人口過剩而做了奴隸的工作，那麼在奴隸制度建立之時，英國外移的人口比例應該最低，而廢奴之時，這個比例應該最高。結果卻正好相反。如崔契爾所言：「就在遷徙率達到三百年來最低點時，英國的廢奴主義『起飛』了。」⑥總之，曾任英國首相的班哲明・迪斯雷利（Benjamin Disraeli, 1804-1881）斥責英國的反奴運動說：「中產階級的廢奴運動雖然道德崇高，但卻不智。」他的觀點有其道理。⑦

萊基在《歐洲道德史》中讚揚英國美德的知名段落，也就是本章開始的這段話，之前有一段聽來有點熟悉的段落：

安格魯撒克遜族的最至高無上的功勞，是創造了出如華盛頓和漢普登（John Hampden（ca. 1595-1643，英國政治家）之流的人物，不在乎榮耀，卻很注重榮譽，讓至高無上的道德準則導引他們的生活，證明自己在最嚴厲的考驗中，不受野心的引誘，沒有熱情的驅使，能夠讓他們絲毫片刻偏離他們認為是自己職責的道路。⑧

有許多理由讓我們不敢苟同這樣的說法，不只是因爲它限定了我們現在已經可以否認的事實，也就是「注重榮譽」是道德公正的象徵。如同我們在決鬥的歷史之所見，榮譽和道德是兩套不同的體系，雖然可以並行不悖，如在此處的情況下，但我們也同樣看到，它們可以輕易就分道揚鑣。不過我還是要設法說服各位，萊基認爲榮譽在許多方面都是英國廢奴的主因，這個觀點有其核心的見解。

光是道德還不夠

要瞭解廢奴運動，我們首先要明白，這個運動需要的不只是奴隸不見容於道德的信念。就如纏足問題一樣，我們在這裡要解釋的，是爲什麼一個國家的人民會風起雲湧地爲這樣的信念採取行動，因爲反對奴隸的想法早在廢奴運動眞正開始之前，就已經流傳甚廣。

十八世紀末的時代精神反對奴隸，有諸多理由，首先是基督徒的反對。基督教新教的貴格會（Quaker，又稱公誼會或教友派 Religious Society of Friends）主張，在上帝的面前人人平等，因爲所有的人都同樣能接受祂的光，因此他們很早就反對奴隸制度。其創始人喬治・福克斯（George Fox, 1624-1691）在一六七一年訪北美時，就曾講道反對蓄奴，一七七五年教友派在費城創立了舉世第一個反奴隸協會，其榮譽會長自一七八七年起就是班傑明・富蘭克林（Benjamin Franklin）。而就數目方面而言，更重要的是英國國教的「福音復興」（Evangelical Revival）運動，不但在一七四〇年代，由約翰與查理・衛斯理（John & Charles Wesley）兩兄弟講道所啓發，創立了「升斗小民」的衛理公會（Methodism），也在一七九〇年代，改革了富有階級的想法，促成了克拉朋聯盟（Clapham Sect, 1790-1830年前後，由英國聖公會福音派教徒形成的集團，鼓吹廢除奴隸）。

但奴隸制同樣也爲啓蒙運動中的非宗教人士所不齒，在第一本現代的百科全書：狄德羅與達朗拜（Diderot and d'Alembert）的百科全書（*Encyclopedie*, 1751-77）中，有關奴隸交易的條目，就說明了啓蒙運動者對奴隸制的反對：「如果有任何道德原則能說這樣的交易有其道理，那麼不論多麼殘暴的罪惡，都可以受法律的保護。」⑨伊拉斯謨斯・達爾文（Erasmus Darwin, 1731-1802，英國醫師、詩人、發明家、植物學家與生理學家）也在啟蒙時代罕見以詩散播科學知識的詩作《植物之愛》（*The Loves of the Plants,* 1789）中，中斷他的論點，而對奴隸制有所抒發：

> 即使在現在，非洲的樹叢中依舊傳來可怕的吶喊
>
> 殘酷的奴隸悄悄靠近，放出地獄之犬；
>
> ……聽啊，你們議員！聆聽這崇高的真理，
>
> 「誰容許壓迫，就是共犯。」⑩

達爾文本人並不是傳教士，（他在《動物法則》（*Zoonomia*）一書中談到「對地獄的恐懼」說：衛理教派的許多傳教士繪聲繪影地啟發這種恐怖，並且因聽眾的愚蠢而怡然自得。」）⑪但他在這段詩句中最後一行所用的觀點，恰與基督徒的想法互相呼應。不論他們是尋覓預定神選證據的喀爾文教派信徒（Calvinists），抑或是擔心喪失上帝恩典的阿明尼烏派（Arminians，荷蘭新教教派，追隨阿明尼烏 Jacobus Arminius, 1560-1609，否定

喀爾文教派的預定論，認爲各人得救與否，雖爲上帝所預知，卻並非由上帝預定，各人可憑自由意志接受或拒絕上帝的恩典），十八世紀後期英國的新教徒都憂懼任何「共犯」的結果。⑫

因此到十八世紀中期，不論是在宗教或反宗教的群體中，都認爲奴隸制度是錯誤的。因此就像決鬥和纏足一樣，引起反對奴隸運動的並不只是道德論述而已：這些論述早在運動開始之前，就已經存在。

最先把這些觀點組合成運動的是貴格會，於一七八三年上書國會，請願廢奴。不過這裡還有一點有待說明。一七七〇年，貴格會雖要求會友不得蓄奴或交易奴隸，且長久以來一直否定奴隸制度，但並未公開反對，這並不足爲奇，因爲他們是小教派。一六六〇年清教徒革命（Puritan Revolution, 1642-1651 年，英國議會派與保皇派之間發生的一連串武裝衝突及政治鬥爭）之末時，貴格派信徒可能有六萬人，但此後人數卻銳減，到一八〇〇年，教友派恐怕只剩下兩萬人，⑬ 其中許多頗爲富裕，而其生活的安全與保障都靠著得發誓對英國國教會效忠方能就公職（如第一章所述）的社會接納才行。但在一七八〇年代，貴格會依舊揭竿而起，公開指責奴隸交易的邪惡。⑭

貴格會的廢奴主義之所以由社群特質發展為全國運動，是該運動內部動力運作的結果，他們這樣做，是受到由費城會議安東尼·貝尼澤特（Anthony Benezet, 1713-1784）領導的美國貴格會的壓力，要讓跨國的貴格會保持團結合作，正是貴格會的中心價值和考量。而他們發現廢奴主張出乎意料地得到友善的回應，部分是因為先前從沒有人把反對奴隸的請願書送往國會，國會議員可以趁此機會讚美貴格會的義舉，表彰自己的人性，卻不採取任何實際的措施來防止奴隸的交易。而貴格會經此鼓勵，也繼續宣揚廢奴的主張。到目前為止，榮譽並非他們廢奴的動力。

倫敦貴格會在一七八四年出版了《我們同胞生物的案例，受壓迫的非洲人》（*The Case of Our Fellow-Creatures, The Oppressed Africans*），但國會並沒有任何回應，於是他們組織了英國頭一個大規模的反奴隸運動，在英國報章上發布了許多反奴隸的文章。⑮不過到頭來眞正發生效用的，是由「實現廢除奴隸貿易協會」(Society for Effecting the Abolition of the Slave Trade）在湯瑪斯·克拉克森（Thomas Clarkson）、葛蘭維爾·夏普（Glanville Sharp），和威廉·威伯福斯（以上三人均為聖公會信徒）領導之下，所發起的全國請願運動。⑯

這個協會在全英各地組織了請願書簽署會議，而且成了相互競爭的活動。在英國中部（Midlands）和北部新繁榮起來的工業城，如伯明罕、特倫特司托克（Stoke-on-Trent），和曼徹斯特，這樣的運動容許新富階級——如約書亞．威治伍德（Josiah Wedgwood, 1730-1795，著名陶藝家，威治伍德瓷器的創始人）行使他新得到的公民選舉資格。威治伍德是伊拉斯謨斯．達爾文的朋友（實際上是親家，他女兒蘇珊娜嫁給伊拉斯謨斯的兒子羅伯特），他在史塔福郡（Staffordshire）的柏士林（Burslem）創設了英國第一間工業化的陶瓷工廠而致富，也正是他製作並且推廣了知名的反奴浮雕徽章，上有一個非洲人跪地的圖樣，下方的標語則是「難道我不是人，不是兄弟？」（正是他的財富，讓他的外孫查爾斯．達爾文得以追求自己的興趣，做自然學者。）

不過，如果這些人是登高一呼的領袖，那麼響應這個運動的追隨者中，有許多都是「中產階級」（一七八七年末，在一次群眾反奴請願中，曼徹斯特這個連兒童計算僅有五萬人口的城市，竟能收集到一萬一千多個簽名）。[17]衡量這個運動成功的標準之一，是在一七九〇年代初期，共有三十至四十萬人，在如威廉．福克斯（William Fox）在《致大不列顛人民：談避免使用西印度糖和蘭姆酒的適當性》（*An Address to the People of Great Britain, on the Propriety of Refraining from the Use of West India Sugar and Rum*, 1791）這類宣傳小冊的言詞所感召，起而抵制由奴隸種植的糖。⑱

到十八世紀後期，英國的小說也開始歌頌如蘇格蘭小說家亨利．麥肯錫（Henry Mackenzie, 1745-1831）一七七一年小說標題所謂的《性情中人》（*The Man of Feeling*）。勞倫斯．史特恩（Laurence Sterne, 1713-1768）的小說《感傷的旅行》（*A Sentimental Journey*）中，經常被引用那段歐椋鳥被關在籠中的文字，在在說明了男人也該像女人一樣，因爲看到其他生物受到折磨，而感動——甚至淚下，這尤其包括了奴隸所受的折磨。⑲史特恩寫道：

> 抬頭往上，我看到……一隻歐椋鳥被掛在小小的籠中。——「我出不來，——我出不來，」這小鳥說……我擔心，可憐的小東西！我說，我恐怕不能放你自由。——「不，」小鳥說，——「我出不來——我出不來，」小鳥說。
>
> 我發誓我從沒有像這樣感到自己的感情被溫柔地喚醒，也從不記得在這一生之中，原本已經消散的性靈，突然如此地高漲，我的理智成了泡沫……
>
> 隨你的意去假裝吧，奴役！我說——你依舊是苦酒！雖然所有的時代有成千上

萬的人都被迫飲了你，但你並不因此而比較不苦。⑳

把你的名字加入請願書上成千上萬的名字之中，送往西敏宮（英國國會），就能顯示你自己是「性情中人，你的「感情」被「溫柔地喚醒」，這是美德的典範。你可以如威廉·古柏（William Cowper, 1731-1800，英國詩人）《黑人的抱怨》（*Negro's Complaint*，可能寫於一七八八年）結尾之句那般：

證明你有人的情感，
在你高傲地質問我們的情感之前！㉑

自由：英國對美國

但你也可以看到主張廢奴者高舉維護英國榮譽的旗幟。在橫跨大西洋兩岸，最後造成《獨立宣言》的英美辯證之間，支持英國者主張，奴隸不見容於英國法律，英國是個充滿「生來自由英國人」這種語言的國家；曼斯菲爾德勛爵（Lord Mansfield, 1705-1793，英國知名法官）是在一七七二年對桑姆斯特（Somerset）一案的判決（一個名叫 James Somerset 的黑奴逃跑之後被主人捉回，要再送他去牙買加種甘蔗。由於他在倫敦已受洗，他的神父便向法院提出告訴。當時的英格蘭及威爾斯高等法院王座法庭院長曼斯菲爾德宣判：「我不能說英格蘭法律容許或認可這件案子，所以黑人應該釋放。」這等於宣布奴隸制不存在於英格蘭法律之下），不論蓄奴或廢奴的敵友，都認爲這意味著凡是奴隸，只要一踏上英國的土地，就立刻成爲自由人。支持英國這方的人可以說，美國人竟然蓄奴，實在不配得到自由。見到其他人蓄奴而不加阻止的人，在保護自由的法律上僅有部分而偏頗的作爲。」反對奴隸的運動者夏普在一七六九年如此寫道（而且他還是支持美國脫離英國獨立的人士之一）。[22]

這樣的論述正中了英國殖民地人民的要害，原因很簡單：正如摩根・高德溫（Morgan Godwin）牧師數年前就已經指出的：「種植者特別有雄心，希望其他人認爲他們有美德。」一七八六年，南卡羅萊納州數一數二的奴隸進口商亨利・羅倫斯（Henry Laurens）則提出反擊，把英國抗議蓄奴的人比喻爲「外表虔誠，禁止在自家屋裡通姦，卻在外面養了十幾個情婦的假正經。」[23]

一如史學家克里斯多福・布朗（Christopher Leslie Brown）在權威的《道德資本：英國廢奴的基礎》（*Moral Capital: Foundations of British Abolition*）研究中所說明的，這樣的動力是十分直接的，英國指控美國人對奴隸制度是僞君子，美國人就會稱英國人對奴隸制度是假正經。美國人或許蓄奴，但英國人才是奴隸販子。布朗寫道：「同樣地，英國人譴責加勒比海的蓄奴現象，到頭來免不了引人質疑英國本身每天所發生的不公不義。」[24]這就是英國反奴之所以成爲有組織的政治運動之源起。

所有這些論點的前提不言可喻，就如布朗指出的：「個人、社群，甚至國家對奴隸的做法，是衡量他們政治活動的標準，唯有拋開奴隸財產的人，才能正當地鼓吹政治自由。」[25]夏普秉持這一點：在大英帝國其他的惡行之外，蓄奴和奴隸交易也是「難以抹除之恥辱」之源，這種「舉國上下皆爲的做法，會造成國家之罪。」[26]就像人爲自己的榮譽而和其他人爭辯一樣，人也會捍衛自己國家的榮譽，而和其他國家相爭。偉大的非裔美籍廢奴領袖弗瑞德瑞克・道格拉斯（Frederick Douglass, 1818-1895）在一八四五年寫給何瑞斯・葛瑞里（Horace Greeley, 1811-1872，知名報界人物，創立《紐約論壇報》〔*New York Tribune*〕）說他爲什麼覺得該在英國推動美國廢奴運動時，一針見血地指出：「奴隸

之所以存在美國，因爲它高尙，而它之所以在美國高尙，是因爲它在美國之外，不如它該有的那樣聲名狼藉。」㉗

英國的榮譽、殖民的羞恥；利物浦和曼徹斯特的榮譽；新獲權勢中等階級的榮譽：這些原因全都動員了人們，讓他們在視奴隸爲邪惡這種司空見慣的想法之外，起而行動，迫使國會終結奴隸交易。的確，要不是因爲法國大革命及在英國繼之而起的雅各賓激進主義，使英國視包括廢奴在內的諸多社會變革有所疑懼，英國國會可能更早就已經廢除奴隸交易。不過一個亟欲維持統治階級權威的政府，對激進方向的重大行動總是小心翼翼，㉘因此一直要到一八〇七年，正在和拿破崙所率法國新帝國交戰的英國政府，終於把販奴訂爲非法。

威伯福斯的榮譽

在英國反奴運動的第二階段，國家榮譽重新成爲主題。當時，在通過廢除奴隸販賣法案之後約有十五年時間的停頓，但隨後對奴隸制度本身又起了組織化的攻擊。威廉·威伯福斯在一八二三年的《爲西印度群島黑奴向大英帝國居民在宗教、司法，和人性的呼籲》（*Appeal to the Religion, Justice, and Humanity of the Inhabitants of the British Empire in Behalf of the Negro Slaves in the West Indies*）以下列這段話做爲起頭：

> 致大英帝國所有珍視上帝眷顧，或者關心國家利益或榮譽的居民——致所有尊重司法正義，或者擁有人性情感的人，我嚴肅地向諸位呼籲。㉙

威伯福斯對英國榮譽的呼籲，或許只是修辭上的虛飾，他把它夾在對上帝的義務和國家的利益之間，三者都放在正義和人性的道德考量之前。不過對威伯福斯和他的福音派友人而言（這群人被稱爲「克拉朋聖徒」〔Clapham Saints〕），帶有很明白的諷刺意味），榮譽不可能獨立於宗教和道德之外。在他們的理想中，恥辱唯有在違反基督徒的義務（這種義務也和道德一致）時才會出現，而榮譽則和基督徒的義務息息相關。

假設克拉朋聖徒全都認爲榮譽該附屬於道德，那麼他們似乎就完全放棄了榮譽的體系，但對於道德和榮譽如何配合的問題，威伯福斯卻有個說法。一七九七年，肩負推廣美德壓抑邪惡公職的他主張：聖經教導基督徒要當心「人類追求評價、區隔，和榮譽的欲望」，不過，在「世俗的評價和榮譽……在未經我們追求就主動加諸我們身上，要我們盡本質爲善之義行，那麼我們就該如奉神論一般接受它們……是天賜的慰藉，是美德的報償。」[30]

這種榮譽是否就是激勵英國紳士的榮譽？其他人的想法即使帶給我們快樂，也只能當作「天賜的慰藉」，和「報償」：而那種受到敬佩的快樂則是榮譽主觀經驗的必要成分。威伯福斯擔心的是，我們在意其他人的想法，會煽動「我們天生的驕傲和自私」。但如果我們知道自己在神的眼中多麼沒有價值，那麼我們就會有一種「眞誠的謙遜」。即使我們所做的受到欽佩，我們依舊該承認這份榮耀其實是因祂而來。[31]不過究竟該如何把由其他人的敬佩和承認所有的榮譽都是因爲上帝而來這兩件事結合在一起，我認爲並沒有解釋得很清楚。

聖湯瑪斯．阿奎納（St. Thomas Aquinas，約1225-1274，中世紀哲學家和神學家）以古典的見解，爲這個問題提出了極其方便的捷徑：「榮譽是由卓越而來，但人的卓越與否，則是由其美德而定……因此榮譽其實就和美德指的是同一件事」（《神學大全》（*Summa Theologica*, 2a, 2ae, 145, 2）。不過在墮落的世界，榮譽卻有無法掌控的一點：它不會長久屈從於美德的管轄之中，這就是爲什麼有如此多的宗教作家擔心該如何面對它。

當美德和榮譽衝突之時，威伯福斯知道該遵從哪一個。他看到朋友小威廉．皮特拿起手槍要和人決鬥時，不禁大感驚駭。但由同一基督教的觀點，共同的榮譽可以發揮道德力量，因爲一個國家榮譽的標準是基督徒的正直，威伯福斯認爲，即使在意個人的榮譽是出於自私，但對國家榮譽的關懷卻能讓我們超越自己。一旦你視自己的榮譽爲英國人的榮譽，就能帶你走向愛國主義，英雄主義，以及自我犧牲，以追求更偉大的目標。

因此「克拉朋聖徒」可以參與榮譽的結構，雖然是以這種高度道德的形式。在十八世紀，敬佩經常預定了某種社會階級，如我們先前之所見，但由威伯福斯，我們可以知道敬佩的預定的標準可以是道德的標準，此外，著重道德的群體可以創造它自己的榮譽世界。威伯福斯和他的福音派友人談起他們不拘形式的貴族上司時，往往會顯示非貴族的虔誠信徒很容易就會對表面上官位比他們高的貴族表現出優越感。這無疑也是艾瑞克．威廉斯贊同威伯福斯批評意見的部分原因：「此人、他的人生，他的宗教，有一股自命不凡之處」時的感受。[32]

向較低階級的呼籲

該強調的是，在英國反奴隸運動中，有遠比國家榮譽更多的事物正在危急關頭。基督徒的責任，在阿伯拉罕的神父愛之下，所有人類共有的兄弟之情：這是中心主題。這運動頭一次眞正的成功是在一八〇七年英國廢除奴隸販賣法案，而部分原因也在於威伯福斯一再地堅持：英國支持奴隸，破壞了它聲稱自己是基督教國家的聲名。而在一八二〇年代，這個運動由販奴問題轉向爲英屬殖民地奴隸本身，而且可能因爲福音精神的散布，因此更增加了強度。

一八二六年《迅速消滅英國殖民地奴隸書信：向更有影響力的階級呼籲》（*Letters On The Necessity Of A Prompt Extinction Of British Colonial Slavery: Chiefly Addressed To The More Influential Classes*）中的第三封信依舊主張不用奴隸的產品是基督徒之義務（重述在一七九〇年代初期第一回合廢奴交易運動中，促使數十萬人抵制糖的論點）：「要避免鼓勵和促進奴隸制度，並且彌補過去的疏忽，我們不只不該再消費奴隸制度下的產品，並且決心盡我們所能，讓其他人也產生類似的決心。」[33] 而這位匿名的作者也繼續提出——對於能夠回想到抵制南非產品時期的人，會感到有點熟悉的論點，認為抵制西印度群島的糖可以終結奴隸制度，而非讓開墾種植者一貧如洗，讓他們對奴隸更加不人道。

但在這些「致更有影響力階級」信函中的第五封信，作者提出了看似新的策略。這封信的標題是：「論獲得較低階級合作組合目的之重要」。信中描述了向工業城市和鄉下貧窮農舍工人遊說的結果：「解放的理想已經由智者、有口才的人、貴族在上議院提出，現在則由女人和小孩在工廠和農舍裡提出。」作者繼續寫道，根據到目前為止的經驗，全國運動的展望十分有前景：「個人拜訪的結果，尤其是在貧窮和勞工階級，可以說十個家庭中有九個都欣然採納這樣的建議，完全拒絕使用西印度群島的糖。」在後來的信中，他則堅持——並且全句都用大寫字母強調：「只要中產階級表達出一致反對的意見，奴隸制度連一年都撐不下去。」在這封信中他指出，中上階層都已知奴隸制度之為虐，但卻袖手旁觀，沒有任何行動，相較之下，他說：「這個問題對較低層的階級，並不在於損失的勞工，和在知識和地位上都高於他們的階級不同。」㉞

這些論點是當時參與論戰其事者之觀點，他所描述熱切且同情奴隸的勞工恐非當時的全貌，但在終結販奴到四分之一世紀之後訂定英國殖民地的奴隸制為不合法的期間，

「較低階層」的英國男女的確有重要的反奴運動，而問題在於爲什麼。

新的勞工階級

我們可以由偉大英國史學者E・P・湯普森（E. P. Thompson, 1924-1993）在《英國工人階級之形成》（*The Making of the English Working Class*）一書中所提的一些元素著手。選舉權之爭，也就是威靈頓—溫奇爾西決鬥的背景，發生在貴族、中產階級，和窮人激烈競爭的氣氛之下。十八世紀末期法國大革命激進的雅各賓主義所啓發的工會運動，促成了一七九九和一八〇〇年的禁止結社法（the Combination Acts of 1799 & 1800），其目標是明白禁止工會，其效果是使更激進的中產階級和工人階級組織轉入地下。到一八二四年，政府廢止此法之後，新合法的工會幾乎是馬上就發動了罷工，讓利物浦爵士（Lord Liverpool）當政的保皇黨（the Tories）及其商人朋友提高警覺，因此一八二五年又制定了新的禁止結社法。

在一七九〇年代初期起，手藝工人和勞工也加入了英國各城鎮的另一種激進團體，稱之爲「通訊協會」（Corresponding Societies）。這種通訊社是取法美國革命時，記錄並分發志同道合各團體決定的「聯絡委員會」（Committee of Correspondence），旨在主張政治改革的需要。自一七九二年的倫敦通訊協會（London Corresponding Society）開始，他們以國會改革和爭取男性選舉權爲第一要務，也成爲禁止結社法的第一批受害者。他們的後繼者召集了更多群眾，發動改革運動，終於促成了一八三二年的大改革法案（Great Reform Act）。

一八三〇年，伯明罕政治聯盟（Birmingham Political Union）成立大會，吸引了一萬五千餘人，到一八三二年，以及五月九日至十五日英國似乎已經瀕臨革命邊緣的這一週，改革組織能夠動員數十萬群眾。像這樣的集會造成莫大的壓力，促使頭幾次的國會改革。國會也逐漸接受了它該回應——而非指引全國人民的判斷這種新觀念。保守派對這樣的先例不以爲然，迪斯雷利後來在寫到整個廢奴過程時說：「開明的貴族置身於並非他們所發起的運動之首，他們應該指導而非支持用意良好但智識有限的社群美德的錯誤。」他所謂用意良好的社群，就是如他所說的，「中產階級」。[35]

不過在一八三二年六月獲得皇室同意的大改革法案，卻讓期待勞工階級獲得選舉權的人非常失望；由於新的選舉權財產資格排除了沒有土地，或租賃土地價格不到十英鎊的人，因此由這個觀點來看，根本談不上改革。大改革法案界定工人階級的身分，但改革並未及於工人，因此在接下來的數年，不滿持續增長，英國的工人和支持者組織了如「普選社」（Universal Suffrage Club）等團體。普選社是「一八三六年六月十日星期五在貞太陽辦公室舉行的大都會激進工會中央委員會大會中成立，其目的是創立工人結社」。

該社的目標說明，工人身分的驕傲仍在醞釀，但它也說明了你可以用如下的說法吸引工人，並且訴諸工人的共同利益：

> 目標，提升勞工階級的道德、知性和政治特質；讓他們有更多機會相互友善溝通；在他們和有知識、政治和道德真誠的人之間建立更實質的契約，為較不富裕之兄弟共同追求幸福；——軟化，以及最後克服貴族和中產階級對勞工的粗暴；——向他們的敵人證明工人階級有能力處理他們自己的事務……以及最後一點，在立法和執行法律上建立完全的平等，這是保障工業唯一的保證，也是他們正當的報償，並保證和平和富裕、全面的安全和幸福。㊱

「普選社」並沒有撐多久，或許因爲其會計就是特立獨行的愛爾蘭激進分子佛格斯．奧康納（Feargus O'Connor, 1796-1855），並不是工人，而是科克郡（County Cork）的新教徒地主，一八三五年，他因爲財產資格不符，而喪失了在國會的席次，當年稍晚，他加入了倫敦工人協會（London Working Men's Association），其領袖威廉．洛維特（William Lovett, 1800-1877）是和六名國會議員一起提出《人民憲章》（*People's Charter*）的六名工人之一，他們憲章的六項原則，也就是後來所謂憲章運動（Chartism）的元素，正是塑造未來十年政治奮鬥力求國家改革的中心。最後憲章運動在越來越不穩定的奧康納領導之下（一八五二年他在下議院吵鬧騷亂，因而被關進精神病院），在倫敦南部肯寧頓（Kennington）號召了數十萬支持者，最後一次公開大型集會之後解散。那年春、夏，革命精神傳遍歐洲，但英國卻保持和平。

比較老的史料編纂都把重點放在工人階級和廢奴主義支持者的對立，威廉．柯貝特（William Cobbett, 1763-1835，英國散文作家、記者，政治活動人士）的文章多所著墨，稍後會再說明這點。不過在工人協會中，我們也可以找到積極支持廢奴的會員。[37]湯普森指出，到憲章運動之時，工人階級已經達成共識，他在《英國工人階級之形成》最後寫道：「由一八三二至一八三三，跨越門檻，就踏入了在英國各郡、各行各業，都能感受到工人階級存在的世界。」他接著寫道：

勞工的新階級意識可以由兩方面觀之，一方面是種類最多樣，才能各不同工人之間的利益認同意識，表現在一八三〇年四月工會聯合主義前所未見的規模上。……另一方面，則有工人階級，或者「生產階級」利益認同的共識，和其他階級相對。㊳

不論他們是否形成——或者以哪一種意義形成單一的階級，工人往往仇視外國人，而且也和英國中等和上層階級一樣，可以非常明白地歧視黑人。但他們中許多人卻反對奴隸制度，我想他們之所以反對它，是爲了最簡單的一個理由：再沒有比新世界的黑人種植園奴隸更能表現勞工是可恥的觀念，而勞工就是他們的定義。奴隸制度把奴隸的隔離和恥辱和他們在新世界種植園及奴隸工廠所做的工作連結在一起，㊴明確地指明勞力工作就等於受苦和恥辱，那就是爲什麼它可以用來描述並不是眞正受奴役者所受的折磨。

十九世紀頭三十年，柯貝特的《政治紀事周報》（*Weekly Political Register*）是各個階級的激進派所必讀之報，也是湯普森《英國工人階級之形成》主角識字手藝工人所必讀，許多不識字的工人兄弟，則在工人的結社中，請同志把它朗讀出來，是他們所必聽。柯貝特在一八一七年已經逃往美國兩年（因恐煽動叛亂而坐牢），先前他在美國也待過更短的一段時間，他不時地把英國鄉下窮人的情況和美洲黑奴的情況相比較，而且發現英國窮人的處境更不利。隨手舉一個例子，一八二五年十一月六日週日早上，他在英國南部漢普夏（Hampshire）的柏克利爾（Burghclere）村，因爲下雨讓他「有空看報」，報上一則談紐約棉花商人問題的文章讓他想到：「在美國墾植收成棉花的奴隸吃得飽，他們並沒有受苦，受苦的是紡它織它爲它染色的人……」㊵而這些人在英國。

柯貝特經常說，主張廢奴的菁英人士並沒有注意到家鄉白人農業勞工所受的折磨，卻爲國外黑人受的苦難大聲疾呼，在談到黑奴時，他也常用歧視的語言。在廢除販奴法案前不久，一八〇五年，他「極力駁斥《愛丁堡評論》（*Edinburgh Review*）鼓吹廢止販奴的自由派人士」，提醒他們「在歐洲某些地方白人奴隸所受的鞭打、酷刑、懸吊、非法謀殺」，㊶一八〇六年，他承認：「他們多常言不由衷地爲解放那五十萬黑人吵嚷，我就多常提醒他們在英格蘭和威爾斯那一百二十萬窮人的處境。」㊷他對威伯福斯——由前述一八二三年所推出的小宣傳冊開始重提廢奴運動的回應，是直接回應主張解放的威伯福斯：

> 威伯福斯，
>
> 我面前擺著你那本僞善的小冊子……目前我只能這樣說……問你是以怎樣的適當性、怎樣的意義、怎樣的真誠，在國家當前的狀態下，推出這樣的東西？㊸

柯貝特一再地強調英國窮人才是眞正的奴隸、眞正的受苦人民，或許是想要離間奴隸的利益和英國勞工階級的利益，但其效果卻是讓大家注意到這兩者所共同受到的壓迫。到最後，等一八三二年柯貝特被選入改革後的國會——他和一名西印度群島種植園主競選獲勝，取得歐德姆（Oldham）議員席次，他也成爲廢奴主義者。

民主與榮譽

柯貝特的激進記者生涯，正符合我先前在談決鬥時所提到的一點，也就是在塑造工人階級對貴族行爲之反應時，報紙所扮演的角色。媒體在吸引人們注意到他們不只未能參與決鬥，也被排除在其他紳士特權之外，這其間所暗示的輕視之時，也讓紳士的榮譽法則接受民主的挑戰。榮譽法則竟然讓女人頂多只有二流的地位，竟然偏心有權勢的人，而忽視一般男女的美德，實在駭人。在英國工人階級成形較民主的時代，人們必然會問榮譽是否能配合偉大的現代發現：所有的人類，在道德的眼裡，基本上都平等。

許多哲學家最近都主張，在討論平等之時，最好先問：「什麼的平等？」這樣的觀點作爲哲學的課題有其意義，但在談歷史時卻不適用。平等，和自由與博愛一起成爲法國革命的三大口號之一時，並不是因爲人們清楚地知道他們想要平等的是什麼，他們只知道他們反對的是什麼：因爲人生來不是貴族，就虐待他，輕視一般人。簡言之，現代的平等觀念，是始於有些事物不是不平等待人的適當根據之想法，然後逐漸地辨識出是其根據的事物。差別待遇，因爲人的社會身分不同而以不同的方式對待他們，就開始需要有正當的理由。因此，比如在法國和美國革命之後，人們就開始挑戰出生時的社會身分是差別待遇的根據這樣的想法，而在上個世紀，大家也開始瞭解到種族和性別不該是差別待遇的基礎。

在這些不該是差別待遇根據的想法發展之際，慢慢也出現了哪些該是其根據的想法。有個想法——任人爲才的想法，就認爲工作的機會不該是基於地位身分或人脈，而是該以才能爲基礎。而工作機會只是平等問題中的一環——雖然是很重要的一環。在一般生活、政府機構、法院和行政官僚體系，以及公共討論中，還有其他領域需要追求平等。

至於對平等究竟需要什麼，我們不妨考慮另一個始於民主革命，而在一九四八年《世界人權宣言》（*The Universal Declaration of Human Rights*）獲得全球一致公認的想法。這個想法對我們如何思索我們這個時代的榮譽舉足輕重，那就是我們所稱的「尊嚴」（dignity）。

《世界人權宣言》一開始，序言中的頭一句話就說：「對人類家庭所有成員的固有尊嚴」是「世界自由、正義與和平的基礎」，㊹對民主革命之前大部分的思想家而言，所謂每個人的「固有尊嚴」，這種想法未免荒謬。約在威靈頓公爵決鬥之時的那一版約翰生博士字典，把「dignity」定義爲「身分的崇高；丰采的莊嚴；舉止的高尚……」㊺這些都不是人人天生就有的，它們是因爲有些人沒有，因而有些人才有的。「身分的崇高」是唯有在有人的地位不如你時才能彰顯。埃德蒙．柏克（Edmund Burke, 1729-1797，愛爾蘭的政治家、作家、演說家）回應一名法國革命政治人物所說「所有的職業都是榮譽的」時說：

> 在說某件事是榮譽的時候，我們指的是有利於它的差別。但美髮師或者製作販賣牛油蠟燭的工人，他們的行業對任何人都不是榮譽，更不用說其他許多卑賤的工作了。㊻

你毋需知道牛油蠟燭工人怎麼用動物脂肪來製燭，就能瞭解他的論點。柏克的基本論點是托馬斯．霍布斯（Thomas Hobbes, 1588-1679，英國的政治哲學家）多年前就簡單扼要指出的：「人不斷地爲榮譽和尊嚴而競爭」，㊼對霍布斯和柏克這樣的思想家，尊嚴就像榮譽一樣，是天生就有高下之分的。

因此無論今天尊嚴是什麼，在那些比較民主的時代，它必須和過去有所不同。榮譽和尊嚴的密切關聯，一如霍布斯把它們並列在一起那般明確，意味著可以由此著眼，思索尊嚴，也就是尊嚴和尊重之間，發生了什麼樣的變化。

要瞭解「尊嚴」究竟發生了什麼變化，就是它已經變成意指因爲人性之故而尊重人的權利。下面就是我們承認人性尊嚴的一些事實：人都有創造重要人生的能力，我們都會受苦、愛、創造，我們都需要食物、棲身之所，以及其他人的認可。這些我們可以稱爲尊嚴的根本的事實，讓我們以尊重這些基本人類需要和能力的方式來回應他人。㊽讓我們回想一下史蒂芬·達沃爾對「評價的尊重」和「認可的尊重」之區別，多半的時候，我們談的都是正面評價產生的尊重，也就是我所說的佩服，而尊嚴，按它現代的意義，則成爲一種認可的尊重，也就是我們對人類基本的事實給予適當的價值。

有些人認爲，唯有高下形式的尊重，才能稱爲「榮譽」，在像柏克這樣捍衛社會階級的人士之外，另有理由：由《伊里亞德》到普什圖法（Pashtunwali，阿富汗和巴基斯坦普什圖族的習慣法），許多最值得注意的榮譽形式都是有高下階級的，不過這裡的問題不只是術語的規定，我認爲如果能同時思考和尊重相關的階級和非階級體系的法則，會有不少收穫，而本書主張的是這樣的論點。

那麼我們目前的文化中極其平等精神的是，我們認定不只是特別崇高的人，而是所有的人類，都有權獲得尊重，而給予每一個人認可的尊重，和給予某些人更高評價的尊重並行不悖，因爲這些是不同形式的尊重。由這裡開始，我保留尊嚴一詞，只用在一種榮譽上，那就是認可的尊重。因此現在我們可以說：特別尊崇某些人，和尊重每一個人的尊嚴，前後一致而並不矛盾。尊嚴並不需要和競爭的評鑑比較，不需要你去爭取，而對你尊嚴的適當回應並非驕傲，而該是自尊，畢竟，如果因爲你是人，而讓你獲得尊重，那麼你就該有權獲得甚至來自你自己的尊重！

以這種方式理解的尊嚴和其他形式的榮譽並不相同，但兩者卻有一點重要的共同點。如果你的舉止不能符合你的尊嚴，那麼人們理所當然就不會再尊重你。你毋需爭取你的人性尊嚴，不需要採取任何行動就能得到它，但若你未能達到你人性的標準，那麼你就喪失了它。這就像哈爾王子的皇家榮譽，他只要現身，就得到了這樣的榮譽，但若他未能符合它所需要的標準，它就失去了它。而一旦喪失尊嚴，就如同喪失榮譽一樣，你該感受到的就是羞辱。

由比較而來的榮譽在觀念上和尊嚴有所區別，這並不保證它不會威脅到尊嚴，但若你擔心因比較而產生的佩服，這種文化對於並未有任何特殊貢獻的人是否會尊重，那麼尊嚴就提供了一個現代的答案。我認爲對人類尊嚴的承諾，就是我們該注意避免創造只著重成功者的榮譽世界或榮譽法則，因爲這意味著這對我們之中其他的人並不尊重。

在不尊重工人的社會，宣稱他們有尊嚴，是非常激進的主張。隨著工人階級有同等尊嚴的論點發展，女性也開始組織並爭取在公共生活中更多的尊重。在這每一個運動中——先是工人接著是所有女性的政治平等權利，爭取的目標並非需要特殊成就的、來自比較的榮譽，而是尊嚴，這是所有的女性和勞工階層的男性都可以主張他們和紳士同樣享有的事物，而要獲得它，使工人和女性全都參與衆所矚目、有組織，和公共的運動。

勞工的尊嚴

在回想廢奴主義者的活力時，很重要的是要記得他們動員的規模。廢奴主義是自反對奴隸販賣到廢奴法案通過這半個世紀中，對英國政府最積極活躍的請願案。崔契爾指出，一八二九年，英國請願者對天主教解放法案的比例是五比一，而一八三三年，連署主張立即廢奴的簽名卻是七十五比一。㊾或許考量這個數字時，最能教人感到欽佩的是如崔契爾那般指出，英國十五歲以上男子中，逾二〇%都簽署了一八三三年的反奴請願書，如果以二〇一〇年同齡美國人口比例做比方，就等於要說服兩千三百萬人，而且還沒有動用網際網路的力量！

反奴隸運動之所以使人興奮，是廢奴主義者在大城小村裡組織一場又一場的演講與集會。英國歷史學家詹姆斯・渥文（James Walvin）描寫到，在廢奴法案達到高峰時，英倫三島開會的情況盛況空前，人山人海：

> 一八三〇年五月，反奴協會大會吸引了兩千人來開會，有一千五百人根本擠不進會場。每當反奴隸的社團開會時，總有同樣的盛況，遠及愛爾蘭南部大城柯克（Cork）都是如此。在里茲（Leeds），號稱有六千人擠進當地的彩色布料大廳（Colored Cloth Hall）。一八三一年，愛丁堡舉行類似的會議時，《蘇格蘭報》（*The Scotsman*）稱之為「在那知性之城所舉辦過最大且最受重視的會議之一」。

在小城如溫本（Woburn）、紐波特帕格內爾（Newport Pagnell）、拜多克（Baldock）、希金（Hitchin），會議廳也都人滿爲患。[50]負責組織安排這些活動的反奴協會機構委員會（Agency Committee）記錄說，他們請了五名演講人「在適當的時機，廣爲散布宣傳殖民地奴隸制的本質和效果，準備表達民衆的感受。」[51]他們所散布的知識不只要正確，而且要廣泛：會議可能延續六、七個小時，而且雖然當地的權貴政要已經上台講了話，但委員會請來的演講人講話的時間可能長達三名政要所花的時間。

這些活動喚起了英國人的行動，在一八三三年廢奴法案通過前最後一次國會會期，共有一百五十萬人連署請願。除非社會各階層共襄盛舉，否則不可能有這麼多人動員。英國人不分男女，無論階級，全都有各自的榮譽依據，讓他們來到請願桌前準備簽名。他們全都準備要在鄰居之前，在國會領袖之前，證明生而自由的英國人團結起來，表達對奴隸制度的深痛惡絕，而在這樣做的時候，他們也可以宣告他們參與了國家的榮譽。藉著參與一八三〇年代這些偉大的公共儀式，使得勞工也能宣告他們身爲工人受到尊重的權利，一如英國中部和北部工業城市在上一世代反對奴隸交易運動中，追求他們的城市（和他們的階級）受到尊重一樣。新的工人階級當然也有經濟利益，我們也可以辯論這些利益是否配合奴隸的利益：但工人階級也和我們所有人一樣，需要容許他們自尊自重的自我形象。

因此，在英國的廢奴運動中，榮譽至少在三方面發揮了力量。第一，國家榮譽在有關廢奴的辯論中，發揮了關鍵的作用；第二，英格蘭中部和北部新興工業城市讓它的人民相互競爭——高、中階級都包括在內，要最早把連署最多的請願書送進國會。我認爲凡是研究過這些問題的人，應該都會贊同這些說法。但我想要在這些公認的說法之外，再加上一個想法，那就是英國工人的參與是和他們自己榮譽的象徵性新投資息息相關。

如黑格爾（G. W. Hegel, 1770-1831）所指出的，雖然人類的意識是自我引導的，但它也參與和其他人意識的對話。有時在談榮譽時，追求榮譽者的自尊自重，和其他人的尊重一樣重要。勞工階級對勞力尊嚴的關切，和他們如何看待自己以及別人如何看待他們一樣重要。對他們中的許多人，奴隸制度使人痛苦怨恨，並不只是因爲身爲英國人的他們在乎國家的榮譽，並不只是由於這是基督徒的良心，也並不是因爲他們和奴隸競爭（他們並沒有）。奴隸制度使人怨恨，是因爲他們也像奴隸一樣，辛勤勞動，揮汗生產工作。

在英國廢奴之後二十年，英國上下一致達到奴隸制度是錯誤的共識，有了巨大的成果。在美國南北戰爭開始之時，英國人對他們所認同的美國南方種植園主的保守上層階級頗爲同情。如倫敦的《晨星報》（*Morning Star*）在一八六二年五月十二日寫道：「血緣的貴族認出了顏色的貴族。」[52]不過英國人並沒有干預，或支持南部各州組成的邦聯政府，如果他們眞的如當時首相帕默斯頓爵士（Lord Palmerston, 1784-1865）考慮的那樣做了，那麼美國內戰的結果很可能會截然不同。然而，一旦林肯公布了《解放奴隸宣言》（*The Emancipation Proclamation*），讓北方的支持者把內戰視爲反抗奴隸制度的奮鬥，工人階級和中產階級的意見就阻撓了英國上層階級想干預美國內戰的想法。[53]有土地的貴族不再是統治階層。隨著大英帝國十九世紀的擴張，廢除非洲和亞洲奴隸的形式就成了帝國政策的目標。

一八四六年八月十七日，在倫敦岸濱街（the Strand）的皇冠與錨酒館（the Crown and Anchor），弗瑞德瑞克．道格拉斯和威廉．洛伊德．加里森（William Lloyd Garrison, 1805-1879）(當時美國黑白兩大廢奴領袖)加入了在憲章運動中倫敦工人協會的創辦人和威廉．洛維特與演說家亨利．文森(Henry Vincent, 1813-1878)，宣布新的反奴隸聯盟(Anti-Slavery

League）誕生。這個聯盟主要是在英國奠基，做爲更激進的美國廢奴主義基礎，而不到一年它就煙消雲散了。[54] 但在那個八月的晚上，當加里森和道格拉斯口若懸河發表演說之時，觀衆聽得如醉如癡。在這短短的一刻，你可以想像英國勞工階級和三百萬美國奴隸結成了國際聯盟，他們一起爲勞工的尊嚴而努力。在包斯威爾曾與約翰生博士痛飲美酒的房間裡，禁酒的聽衆虔誠地聆聽亨利．霍斯沃斯（Henry Holesworth）爵士稱爲「新運動的狄摩西尼斯」文森口若懸河地爲長達六小時的會議做結論，大談奴隸和英國勞工階級共有的目標。道格拉斯的一位傳記作家惋惜地寫到反奴隸聯盟失敗，未能創造工人階級的國際運動，是「道格拉斯一生中錯過的最好機會。」[55]

4 針對女性的戰爭

對手無寸鐵的女人開火，這算什麼榮譽？

——阿斯瑪・賈漢吉爾（Asma Jahangir）[1]

誘惑與遺棄

皮亞托・傑米（Pietro Germi, 1914-1974，義大利導演、編劇、演員，導過《義大利式離婚》）執導的喜劇片《誘惑與遺棄》(*Sedotta e Abbandonata*, 1964）背景在西西里島的一個小城，年方十五的阿格涅絲・阿斯卡隆尼遭姊姊的未婚夫派皮諾・卡利凡諾始亂終棄。[2]她爸爸唐・文森佐發現之後，立刻衝去卡利凡諾家理論，要說服他們結婚計畫得更動一下，派皮諾不能和姊姊結婚，而該娶妹妹。派皮諾的爸爸好不容易答應了，他瞭解唐．文森佐得維護家庭的榮譽，但派皮諾卻不肯，（在父母的祝福下）開溜了，躲在堂兄弟家裡。

接下來一片混亂，阿格涅絲的哥哥被派去找派皮諾算帳，要去射殺派皮諾，但任務失敗被逮，法官控告他殺人未遂，派皮諾則被控誘姦未成年少女的罪名，唯一能讓兩個年輕人不入獄的方法，就是派皮諾和阿格涅絲結婚。當地的風俗有個很簡單的解決辦法：派皮諾和幾個朋友必須安排非常公開的綁架，綁走阿格涅絲，這樣他誘姦她的行爲（這點不能公開），就可以用這樣的藉口遮掩過去。大家認定：整個社會同意在綁架之後，兩個年輕人得結婚，才能保障阿格涅絲和她家人的榮譽。

在影片中，我們偶爾會看到來自義大利本土而非西西里本地的警官波蘭薩，他對阿斯卡隆尼和卡利凡諾兩家的你來我往輒有煩言，並且哀嘆西西里這裡的榮譽觀念太瘋狂（在其中一幕中，他在警局望著義大利地圖，然後用雙手把西西里島遮住，喃喃自語說：「這樣比較好，好多了。」他是在想像如果他的國家沒有西西里這個討厭的毒瘤，不知有多好）。等波蘭薩聽說了綁架計畫，他也胸有成竹知道如何應付。他和與他一起負責維持法律秩序的年輕警官一起出城，避開整個混亂的局面。

在炙熱的下午，他們倆躺在西西里驕陽下的橄欖樹蔭下，這位較年長的警官想要向他這年輕的助手畢西卡托（由皮膚特別白皙的演員飾演，強調他也不是西西里人）整件事的來龍去脈。

波蘭薩：他今天要去綁架那女孩。你打算怎麼處理？

畢西卡托：立刻逮捕他。

波蘭薩：很好，這樣他就能在明天娶了她之後逍遙法外，而你卻像個傻子。用用你的大腦。只要一結婚，什麼都不算數：綁架、強暴、誘姦未成年少女。這都列在第五四四條。婚姻把一切都擦得一乾二淨。比特赦還有用。你不知道？這裡的小孩早就知道這點，是和教義問答一起學的。

畢西卡托：為什麼不直接娶她就好？

波蘭薩：他不想要娶她。

畢西卡托：那麼為什麼綁架她？

波蘭薩：這樣他就被迫要娶她。他們全都參與了這個計畫。

畢西卡托：他卻沒有？

波蘭薩：有，他也參與。

畢西卡托：我沒有不敬之意，長官，但我不明白。

波蘭薩：你不會懂的，畢西卡托。這是榮譽的問題，這一直都是榮譽的問題。

《誘惑與遺棄》的情節雖然有趣，但談的卻是嚴肅的問題。唐．文森佐一心一意要維護阿斯卡隆尼的家譽，這是全世界關於榮譽最普遍的想法：在許多許多社會中，如果年輕女子在婚前失貞，不止她的榮譽受損，全家也會蒙羞。

這不只是阿斯卡隆尼他們自己一家的感受，他們的榮與辱而已。如果唐．文森佐不以能恢復他家榮譽的方式來解決這個問題，那麼他其他的兒女全都不可能有好婚姻，他自己會受到嘲笑，她的妻子會受人憐憫，他將無法在他的社群中立足，而會喪失所有友朋的尊重。在他的世界裡，只有一條路可走：誘惑他小女兒的人必須娶她（而他必須爲她的姊姊再找另一個丈夫）。派皮諾拒不從命，於是同一條榮譽法則就要求阿斯卡隆尼家的男人得去殺死派皮諾。

在阿斯卡隆尼家的父權暴力，恐怕會讓當今的觀衆感到震驚。唐．文森佐打兒女，欺凌妻子。在大半的情況下，她並不試圖阻止他打兒女，在大半的情況下，他們似乎認爲父親的權威應該以語言暴力和蠻橫的拳頭維持。在這個世界，男子氣概是以暴力來定義。就連阿格涅絲有點柔弱的哥哥也得帶一把步槍去找派皮諾算帳，不論他多麼不情願。

一個明顯的事實是：唐．文森佐所依賴的法則對男人和女人有截然不同的要求。這個制度的雙重標準出現在卡利凡諾家的晚餐桌上，派皮諾懇求雙親不要讓他娶那個懷了他的種的女孩。

派皮諾：回答我這個問題。老實說，如果媽媽做了阿格涅絲和我做的事，你會娶她嗎？

爸爸：那和這有什麼關係？

媽媽：你本來也想要我這樣做。

爸爸：那怎樣？要求本來就是男人的權利，而拒絕是女人的義務。

派皮諾：一點也沒錯。阿格涅絲沒有拒絕，不是嗎？……我不要娶那個妓女。

爸爸：我已經答應唐・文森佐。

媽媽：你沒有回答他的問題。如果我屈服了，你會娶我嗎？

爸爸：當然不會！

這個法則假定任何男人都可以自由地去找並未和他結婚的女子求歡，而女子卻「有義務拒絕」。也因此，如果這男人成功了，恥辱的是女人：只有她違反了規則。派皮諾對美麗的阿格涅絲垂涎欲滴，拚命向她求歡，但若她失了貞操，就成了「妓女」，因此他不能娶她，即使她只有和他發生過關係，即使她懷著他的孩子。

在當時，義大利刑法五四四條，也就是警官提到的那條法律，承認一種婚姻——修復婚姻（matrimonio riparatore），彌補強暴的罪行，即使這罪行是對未成年人所為。（這是個老觀念，可以在申命記第二十二章，二十八至二十節中看到）：

人若引誘沒有受聘的處女，與他行淫，他總要交出聘禮，娶他為妻。……因他玷污了這女子，就要娶他為妻，終身不可休他。

而這種修復婚姻並不只是電影中的情節設計而已。一九六五年耶誕節後一天（《誘惑與遺棄》上映後一年多一點），一名叫做法蘭卡．薇奧拉（Franca Viola）的十七歲女孩在西西里的小城艾爾卡莫（Alcamo）遭混混菲利波．梅洛迪亞（Filippo Melodia）綁架強暴。強暴者有十餘個男性朋友協助，在過去，她多次拒絕他的調戲，但正如波蘭薩警官所料，梅洛迪亞在學教義問答的同時，也已經熟知一旦和女人發生關係，她就會明白要挽救家庭榮譽的唯一方法就是嫁給他。而一旦他們結了婚，五四四條刑法也就能保障他不用擔強暴罪行的法律後果。

沒想到梅洛迪亞低估了薇奧拉，她告訴家人她不要嫁他，而且在父親的支持下，堅持提出強暴告訴。她的家人忍受了其他人的排斥，爲了違反榮譽法規而付出喪失他人尊重的代價。由於他們不從這種法規，因此她父親也面對了死亡威脅，家中的穀倉和葡萄園都遭人縱火。然而訴訟繼續進行，梅洛迪亞和他的七個同謀被送進監牢。三年後，薇奧拉嫁給了青梅竹馬的朱塞佩・魯以西（Giuseppe Ruisi），自她十四歲就已經訂婚的對象。婚禮中，他還得帶著槍保護他們倆。③

這件事不用說，掀起了更大的迴響。全國媒體爲他們的婚禮做了報導，義大利總統送了他們結婚禮物，教宗保祿六世也接見他們。④這對年輕夫妻婚後頭兩年遷離了艾爾卡莫，但在一九七〇年代初，法蘭卡和丈夫朱塞佩回到家鄉。接下來她避開衆人的眼光，在艾爾卡莫過正常的生活。二〇〇六年她告訴一名訪問者說，在面對重要決定時，她的忠告是「跟著自己的心走」。⑤

法蘭卡在十七歲遭強暴，等第五四四條刑法終於在一九八一年廢除之時，她的年齡已經接近十七歲的兩倍了。

殺人家庭

在世界其他地方（和更早一點的時代），女性在婚前失去貞操帶來的羞恥，往往要付出嚴重得多的代價。在電影《誘惑與遺棄》中，阿格涅絲接受了薇奧拉逃過的命運：她被迫與一個輕蔑她的男人結婚。但在世上許多地方和許多時代，恢復家庭的榮譽不但要殺死引誘少女的男人，也得賠上她自己的性命。的確，在西西里，就如在其他許多社會中一樣——在過去的地中海地區，不論基督徒和穆斯林都一樣，而在現在許多地方，榮譽的法則依舊如此要求。在某些社區，年輕女子喪失了她的榮譽，就會得到死的懲罰，即使她像薇奧拉一樣是遭到強暴，亦無改於這樣的結果。

規範所謂榮譽殺人（honor killing）的這種法則有一些舉世大部分人都認得出的元素，即使在工業化的西方世界，在美國和歐洲，都得耗費無盡心力說服社會大衆，強暴的受害者不該因這樣的罪行而感到羞辱，並不是遭到強暴的女性自認她們受害是「自找的」，她們的恥辱是因爲身爲受害者的無力感。糾纏她們，讓她們不安的，並不是罪惡感——認爲自己做了錯事的想法，而是對她們羞辱的提醒。而那種羞辱——如申命記所說的，強暴犯玷污了他的受害人，讓她喪失了那些知道她遭強暴的人的尊重，不論這樣的想法多麼不合理；它甚至也會損及她對自己的尊重（同樣毫無理由）。

由於你不能反抗別人加諸在你身上的暴力，因此你就次人一等，這樣的假設流傳甚廣（而且不只是與性侵犯相關）。在這樣的態度和情感系統下，就會產生遭強暴的女性就像在打鬥中居下風的男性一樣，都失去了他們的榮譽。軟弱——即使在邪惡不公的情況下，依舊是恥辱的來源。

在美國，到今天還有許多家長和家庭對未婚女兒的性冒險比兒子更加擔心，其理由是說女孩要擔的風險比較大——萬一懷孕，對女人的影響遠比對男人嚴重得多。但我疑心許多人心裡眞正的想法，是派皮諾和他父親所想的：「男人有權要求，而女人有義務拒絕」。自制沒有男子氣概，而反抗則是女性應盡的責任。

但不論我們對婚外性行爲有什麼想法和感覺，大部分的人大概都不會認同因爲未婚女兒發生婚前性行爲，或者已婚女兒通姦，於是就把她給殺了這樣的做法，大部分人更不能瞭解不論女兒或姊妹已婚與否，只要遭到強暴，也該殺死她的做法。

但根據聯合國二〇〇〇年報告中的估計，全球每年有多達五千名婦女或女孩，正是因爲這樣的理由，而遭親戚殺死。⑥這樣的殺人稱作「榮譽殺人」，因爲殺人者認爲他們這樣做，是要重建家庭的榮譽，因爲家庭的榮譽已經遭到其女性成員的婚外性行爲而破壞，不論她們發生性行爲是出於自願與否。根據巴基斯坦總理的顧問所言，二〇〇三年在巴基斯坦就有一二六一名女子因這樣的理由而遭殺害（一般公認官方的數字低估了眞正的情況）。⑦

到目前爲止，我們所探討的都是已經結束的革命，不過本章我談的是現在，是一種亟需改變的榮譽做法。要瞭解榮譽殺人，也像瞭解任何榮譽世界一樣，必須要先探究其法則的意義，而雖然許多文化都有榮譽殺人的模式，但我們可以在某些特定的地方和時期，最明白地看出其最危急的問題。而我們也可以由我們先前已經探討的歷史學到一些心得，因此我在此的目標，是要把我們對榮譽的新理解用來提出對榮譽殺人者的建議，因爲法國諺語有云 Tout comprendre 未必 tout pardonner（理解一切，未必寬容一切）。

莎米亞・薩瓦的生與死

一九八九年，巴基斯坦西北邊境省（NWFP）首府白沙瓦（Peshawar）的商界聞人古拉姆・薩瓦・可汗・穆罕默德（Ghulam Sarwar Khan Mohmand）爲他女兒莎米亞・薩瓦（Samia Sarwar）舉行了盛大的婚禮，應邀前來喝喜酒的賓客多達上千人，其中有三位巴基斯坦首府大官，一名聯邦政府指派的省長，和該城市的商界大老。新郎伊姆朗・薩雷（Imran Saleh）是他小姨子的兒子。這是個摩登而成功的普什圖族（Pashtun，南亞的一個民族，爲阿富汗第一大民族和巴基斯坦第二大民族，人口約四千萬至四千五百萬人）家族：古拉姆．薩瓦．可汗．穆罕默德的妻子蘇塔娜（Sultana）是個醫生，和她的姪子伊姆朗一樣。莎米亞．薩瓦後來去學法律，她妹妹則唸醫學。一九九八年，老薩瓦被選爲白沙瓦的薩哈德工商協會會長（Sarhad Chamber of Commerce and Industry），他總共當選兩任，這是第一任。⑧

雖然這對新人一開始喜氣洋洋，似乎吉星高照，但兩人的婚姻卻不成功。莎米亞．薩瓦後來告訴她的律師說，她丈夫經常施暴，到最後她父母也同意她離開他，讓她在一九九五年懷第二胎時搬回娘家住。薩雷醫師後來打電話說，他不希望她回去。此後她再也沒見過他。但她父母卻堅決表示，離婚是絕不可能的。「你在這裡可以得到你要的一切，除了離婚。」⑨ 她說他們這樣告訴她。原因很簡單：離婚會威脅到他們的ghairat——家族的榮譽。⑩ 就如在西西里一樣，在北巴基斯坦喪失榮譽的結果，會讓她的妹妹和她的堂表兄弟姊妹都嫁不出去，她的父母叔嬸阿姨全都會面臨社會的孤立。

接下來那幾年——莎米亞．薩瓦的丈夫不見人影，她顯然愛上另一個男人，而她如今是法律學生，當然知道她有權向先施虐後拋棄她的丈夫要求離婚的權利。一九九九年三月，她趁著父母去麥加朝聖的機會，逃到拉合爾（Lahore），搬進拉合爾唯一一間爲受虐婦女所設的私人庇護所 Dastak，並且請了巴基斯坦人權律師希娜・吉拉尼（Hina Jilani）爲她安排離婚事宜。

接下來數週，薩瓦夫婦說服他們的女兒和她的律師，說他們終於同意她離婚，並且把必要的文件給知名的反對黨政治人物看，由他傳達這個好消息。因此在一九九九年四月六日，她同意去她律師的事務所去見母親——她說她不願面對父親。她母親原本該獨自前來，但她卻和一個身材矮胖而留著鬍子的男人一起來。希娜・吉拉尼說，薩瓦太太說這人是她的司機，因爲她不良於行，必須要請他幫忙。[11]

這兩人不顧律師的抗議，進了她的事務所，司機哈比伯・雷曼（Habibur Rehman）立刻拿出槍來，對著莎米亞・薩瓦的頭射擊，接下來一陣驚慌失措，雷曼遭安全警衛射殺，而莎米亞等在外面的叔叔尤納斯・薩瓦（Yunus Sawar）綁架了事務所的一名助理，帶著她和莎米亞的母親乘計程車離開。助理後來說，薩瓦太太在逃離的時候「冷靜而沉著」，離開女兒遇害的現場，彷彿倒臥在自己血泊中的這個女人是陌生人一樣。[12]嗚呼，在巴基斯坦，你最好還是別聽法蘭卡的忠告「跟著自己的心走」。

這齣戲的主角全都是知名的巴基斯坦人物。希娜・吉拉尼是巴基斯坦數一數二的人權律師，和她的姊姊合開法律事務所，而她姊姊阿斯瑪・賈漢吉爾是巴基斯坦人權委員會主席，聯合國法外處決、即審即決和任意處決問題人權委員會的特別報告員（Special Rapporteur of the UN Commisson on Human Extrajudicial, Summary or Arbitrary Executions）（原本要赴日內瓦開會的她顯然得延遲行程，以處理她自己事務所內的法外處決事務）。負責調解，檢視離婚文件讓薩瓦小姐同意和母親見面的政壇人物是艾薩茲・阿山（Aitzaz Ahsan），知名律師，也是前司法部長，當時是參議院反對黨魁。

由於莎米亞・薩瓦是在行使她離婚的合法權利之時，在證人面前遇害，而又由於殺人在巴基斯坦當然是非法行爲，因此你或許以爲這會招來社會大眾一致的譴責。班娜姬・布托（Benazir Bhutto, 1953-2007，巴基斯坦首任民選總理）和許多巴基斯坦先進的政治領袖的確發言反對這樣的行爲，第二天在巴基斯坦幾個大都市也有人類組織率眾抗議，[13]但當巴基斯坦參議院的一員提出動議要譴責這個家庭時，反應卻不如他所想像的那樣。

這名屬於開明人民黨的參議員伊克博・海德爾（Iqbal Haider）是律師和人權運動人士，他的提議卻被國會中西北邊境省的同僚駁斥，尤其是人民民族黨（Awami National

Party, ANP）的成員。ＡＮＰ的主力來自巴基斯坦的普什圖族地區，其首府就是白沙瓦，薩瓦夫婦的家鄉。或許大家會以爲他們之所以這樣做，是要維護普什圖族的榮譽傳統觀念，然而ＡＮＰ卻不是傳統主義者：該黨傾向巴基斯坦比較非宗教的一端，而且一直都反對西北邊境的塔利班作爲。當時ＡＮＰ的黨魁是阿吉瑪．哈塔克（Ajmal Khattak）參議員，他是普什圖頂尖的知識分子和詩人，有開明之名聲，曾支持左派的革命分子如卡斯楚和切．格瓦拉（Che Guevara, 1928-1967，古巴革命的核心人物）。⑭雖然如此，哈塔克依舊對他的同僚發表了高論，談普什圖的榮譽觀念，而且似乎捍衛榮譽殺人的做法。⑮支持譴責動議的只有四名參議員，其中一個就是艾薩茲．阿山，也就是因爲同意調解莎米亞．薩瓦和她家人而被扯進此事中的參議員。⑯

在白沙瓦，大家對外人干預當地家庭的私事，莫不義憤填膺。普什圖的榮譽竟然受到多管閒事的陌生人責難。莎米亞父親擔任會長的商會攻擊希娜．吉拉尼和阿斯瑪．賈漢吉爾，要她們爲「誤導巴基斯坦的婦女，造成國家污名」而受「部族和伊斯蘭法律」的制裁。ＮＷＦＰ的幾位宗教領袖也發出宗教裁決令，稱這兩名女性離經叛道。⑰沒有人因莎米亞．薩瓦遇害而遭定罪，她父親照舊是白沙瓦的要人。二〇〇九年十一月，巴基斯坦的商業部指派他擔任委員會員，對該國與阿富汗的新貿易協定提建議。⑱

普什圖人的方式

逾四千萬普什圖人住在巴基斯坦和阿富汗，其中大部分都在兩國的邊界兩端。普什圖人自認爲有共同的祖先，他們的部族組織就是人類學者所謂的「分支世系制度」（segmentary lineage system），在這樣的制度中，人和較近的親戚團結起來，對抗較遠的親族，根據貝都因人（Bedouin，阿拉伯半島上的遊牧民放）的諺語：「我對抗我的兄弟，我和我的兄弟對抗我的堂表兄弟，我和我的兄弟和我的堂表兄弟對抗世界。」共同的祖先越遠，團體當然越大，而普什圖的親族系統有許多不同的層面規模，在現實生活中十分重要。

傳統的說法是，普什圖四個主要的部族團體都是凱伊斯．阿布都．拉希德（Qais Abdur Rashid, 575-661，普什圖族傳說的祖先）直系的子孫，凱伊斯是所有普什圖人的祖先，他顯然和親赴麥加，把伊斯蘭教帶回阿富汗的穆罕默德同一時代。這四個團體之下的許多分支都有個概念上的族譜，可以在頭幾個世代追溯到凱伊斯的後裔之一。在這個階級的底層是最小的家庭團體，由一個男人和他兒子，他們的妻子和子孫所共同組成。

在鄉下，普什圖人傳統上是在幾十個人的小村落中以農爲生，通常他們都屬於許多個類似這樣的大家庭。不論在鄉下或城市裡，他們都按照所謂的「普什圖法」做爲生活的法則，就像許多類似的部族法則一樣，這法則非常強調不論是對自己或對自己家族或部落的成員，都要對親族忠實、在戰爭時要勇敢、對客人要親切、受侮辱要報復、受傷害要復仇，來維持自己的榮譽。⑲人自己的好名聲，以及家庭或部族的聲譽，放在有些是借自阿拉伯人的榮譽語言之中，這些是普什圖法的核心。

這些在鄉間部落文化中發展出來的觀念，卻被帶到現代都市生活中使用。在阿富汗經過三十年戰爭——由一九七九年底蘇聯入侵，一直到美國領導對付塔利班的戰事，許多巴基斯坦的普什圖人都非常認同他們邊界對面的親屬，再加上外國人不論是士兵或老百姓，顯然都想重塑這地區的生活，於是造成可以想見的民族主義反應，大家大聲疾呼國外的壓力對普什圖法的威脅。在巴基斯坦，這樣的壓力也見諸於人權團體爭取婦女權利以及反對榮譽殺人的運動。結果就是連巴基斯坦土生土長的人權運動人士，如莎米亞·薩瓦的律師，也抨擊殺害她的行爲，造成社會上交相指責西方人干預太過，在這樣的指責中，所持的就是西方人缺乏榮譽觀念（bay ghairat）的想法。⑳

莎米亞．薩瓦是普什圖人，但她遇害的這種情況可能發生在巴基斯坦任何地區，在使用烏都（Urdu）和信德（Sindhi）和旁遮普（Punjabi）語言的人之間，和使用較少人所用語言的地區，都有類似的傳統。在信德省，這個包含巴基斯坦金融首都兼最大城喀拉嗤的地區，karo 一字意味著「黑男人」，kari 則是其陰性詞「黑女人」，這兩個字是用來形容婚外苟且的男女，因此 karo-kari 是榮譽殺人最常見的原因之一，全國各地都可見，雖然在普什圖語中代表同樣意思的詞是 tor-tora。㉑

我們在此面對了一個熟悉的矛盾。巴基斯坦是伊斯蘭教的共和國，是在印度獨立之前衝突不斷而創立爲印度穆斯林的國家，而在夠資格的伊斯蘭教義闡釋者解釋之中，榮譽殺人不是伊斯蘭教的做法。就像決鬥的風氣達到最高峰之時，根本不符合以基督教爲主的大不列顛法律和宗教一樣，榮譽殺人非但在巴基斯坦是非法的行爲，而且在這個有固定信仰的國度中，也違反法該國官方的宗教傳統。一個理由是伊斯蘭的法律自有節制性行爲的方法，而不經過伊斯蘭教法庭就自行執行法則的家庭，就像決鬥的紳士一樣，等於宣告自己獨立於國家的規則和宗教律法之外。當然，伊斯蘭教也像世界其他宗教一樣，在不同的社會自有不同的變化。在遵從他的人眼中，普什圖法和伊斯蘭教相輔相成並行不悖：他們傾向認定伊斯蘭教本身就是普什圖法諸多方式的一種，因爲他們相信他們的祖先由麥加帶回信仰。但如我所說的，在伊斯蘭世界中，大家也公認可蘭經和聖行（Sunnah）和聖訓（hadith，聖行的權威解釋，是教導的另一來源）都不贊成男人殺死同家族女人的做法。

這點在巴基斯坦是衆所公認，毋庸置疑。在二〇〇一和二〇〇二年夏天，一名巴基斯坦研究生阿米爾．賈弗瑞（Amir H. Jafri）爲了寫關於溝通的論文，以英語和烏都語做了一連串訪問，要由文化層面來探討莎米亞．薩瓦遇害及社會上對此事的反應。他寫到他在伊斯蘭馬巴德和一位名叫阿巴德（Abad）的神學家有一段精彩的對話。起先這位被學生團團圍住的宗教導師承認，每當他看到沒有完全戴上頭紗的婦女，「我就想把她們碎屍萬段，或者把她們許配給某個人……」大感吃驚的賈弗瑞問他，這是否符合伊斯蘭教義，神學家不禁臉紅，沉默了一陣子。接著他環視學生，含糊地說：「伊斯蘭教並不容許這樣的作爲，但有時必須這樣做，立下典範。」

這是賈弗瑞博士在巴基斯坦花了兩個夏天的研究中，唯一公然寬恕如榮譽殺人這種行爲的伊斯蘭學者，㉒其現實情況其實已有一名普什圖計程車司機一語道破，他和一名受教育的女乘客討論到女子教育的問題時說：「我說，大師，伊斯蘭教女性和男性應該受教育，必須要受教育。他說，是啊，但說到ghairat（家族的榮譽）時，誰還管什麼伊斯蘭教？」㉓

莎米亞・薩瓦遇害並沒有受到她家之外任何權威的批准，但在西北邊境省，榮譽殺人很有可能是支爾格（jirga）——在部落地區有極大權威的傳統法庭所做的決定，在這種地方，巴基斯坦的法令根本行不通。在莎米亞・薩瓦遇害前幾週，一名智力有障礙的十六歲少女拉爾・賈米拉・曼多克爾（Lal jamilla Mandokhel）就在她村莊的支爾格會議「審訊」之後遭到處決。她連續兩晚遭鄰城的一名男子強暴，等她回到自己的村子，社區的長老認定她爲族人帶來恥辱，於是把她拖出家裡，在大批圍觀群眾面前以槍射殺。㉔不論榮譽殺人是否符合伊斯蘭教，此舉在許多地方都是普什圖人的一種行事法則。

巴基斯坦的法律

巴基斯坦的現代法律體系一開始是殖民地區的傳承。穆罕默德・阿里・眞納（Muhammad Ali Jinnah, 1876-1948，巴基斯坦的第一位總督，被稱爲巴基斯坦國父）是曾在英國學習法律的律師，他自己恐怕比較偏好非宗教的法律章程，但在一九四七年英國承認印巴分治，讓他們分別獨立之後不久，眞納就去世了。起先巴基斯坦是由兩個地理上相互隔絕的部分組成，一個在西部，另一個則是文化截然不同的東部，在孟加拉。實際上是國會的憲法大會花了近十年的時間，終於在一九五六年制定了憲法，但這是伊斯蘭共和國的憲法。接下來數十年，一連串的政變和一場戰爭，使巴基斯坦的兩個地區變成了西邊的巴基斯坦和東邊的孟加拉兩個獨立的國家。巴基斯坦的基本法一直都是伊斯蘭法，目前的憲法於一九七三年認可，採用了先前憲法的前言，表示其基本法的目標是要「建立秩序」：

> 讓穆斯林可以根據神聖可蘭經和聖訓上所昭示的伊斯蘭教誨和要求，在個人和集體的範圍上建立秩序。㉕

這部憲法也創造了聯邦的伊斯蘭教戒律法庭（Shariat Court），由傳統穆斯林法律學者，即烏理瑪（穆斯林國家的學者、宗教權威或法學家）和一般高等法院法官共同組成，擁有檢查立法的權力，如果法律不符伊斯蘭精神，可予廢止。

一九七九年，巴基斯坦的軍事強人齊亞哈克將軍（Zia-ul-Haq, 1924-1988，陸軍上將，一九七八—八八年擔任巴基斯坦總統）更進一步，頒布了「胡都法案」（Hudood Ordinances），促進巴基斯坦的伊斯蘭教化。新法的目標之一，就是要讓巴基斯坦更符合將軍對伊斯蘭戒律的觀念，尤其是 zina，也就是不正當男女關係，婚外性行爲。而採行伊斯蘭戒律的結果是大幅降低了現有法律對婦女的保護。比如指控有人強暴的婦女需要找到四名成年男性目擊者爲強暴案作證，不然受指控的男子就不會有罪，但在這名女性提出強暴之訴時，等於承認發生非婚姻性關係，因此由於她自己的指控，就會被處以 zina 之處罰：因通姦之罪而遭處以一百下鞭刑，或以石塊砸死。

很重要的一點是，在像這樣的情況下，少數幾個一般法院通過處罰的案子都經聯邦戒律法庭重新審查而不了了之，但無疑胡都法案已經使控訴強暴的巴基斯坦婦女處境更加不利。

繼齊亞哈克將軍擔任巴基斯坦總統的古拉姆・伊沙克・汗（Ghulam Ishaq Khan, 1915-

2006，一九八八年—在齊亞哈克總統死於空難後，以參議長身分接任巴基斯坦代總統，同年十二月出任巴基斯坦總統至一九九三年）蕭規曹隨，甚至更進一步實施報復和賠償法令（Qisas and Diyat Ordinance），取代了巴基斯坦承襲自英國普通法的大部分法條。這種改變的結果就是把殺人和其他較沒那麼嚴重的身體傷害，視爲對個人和其家庭而非對國家的冒犯。在這樣的法令下，受害者及其繼承人有權要求報復，施暴者必須接受相當於受害者所受同等的傷害，因此在殺人的情況下，受害者就可以要求殺人者死。

這部分的伊斯蘭戒律是出自《可蘭經》第五章第四十五節的這段話：

> 以命償命，以眼償眼，以鼻償鼻，以耳償耳，以牙償牙；一切創傷，都要抵償。自願不究的人，得以抵償權自贖其罪愆。

因此法令也容許受害者或其子嗣放棄報復，並且藉著賠償，接受補償。受害一方進行和解的過程，稱爲「調停」（compounding）。

並不是人人都同意這是實行伊斯蘭戒律的正確方式。巴基斯坦的婦女地位全國委員會（National Commission on the Status of Women, NCSW）就主張，如果正確解讀傳統就會瞭解報復的權利不只是受害者及其繼承人，也包括國家。當然，如果這種說法是對的，那麼不只受害者的家屬，而且政府也有權免除刑罰，因而如果司法有其需要，政府就可以決定是否要處罰其罪行已經經過受害者繼承人「調停」之人。NCSW的成員注意到，在榮譽殺人的情況下，受害者的繼承人往往也是犯罪的加害人，而他們說，在薩瓦的案子裡，薩瓦的繼承人就是她哥哥，當然免除了自己父母之刑罰。㉖

報復和賠償法令應該已經帶來巴基斯坦婦女在法律上的兩大改進，第一，它取代了英國普通法中准許以「嚴重而突然的挑釁」做爲抗辯託詞的傳統，長久以來這條法律在巴基斯坦一直被解釋爲，法院必須對以榮譽之名殺人的人特別寬大。遺憾的是，巴基斯坦最高法院卻拒絕承認這樣的改變。在一九九五年的一個案子裡，被告說，「他發現死者在清晨與其妻處於一種不雅的姿勢，因此在這嚴重而突然的挑釁之下」殺人，高等法院指下級法院忽略了被告的這個辯詞，判決錯誤，因此下令立即釋放殺人犯。㉗

第二個重大的改變是，法律明白禁止一種傳統的賠償，那就是把殺人者家中的一名婦女給受害者家中的一名男子，做爲「取代」。不幸的是，這種做法依舊持續，尤其在政府鞭長莫及的鄉下地區。就連二〇〇五年規定這種行爲是犯罪的法律，都沒有什麼效用。這些事實應該提醒我們，除非能眞正執行，否則光是法律本身的改變並不能有任何成績；而且如果社會大衆的態度沒有改變，這更不可能辦到。就像決鬥一樣，立法只是開始而已。㉘

「胡都法案」中爭議最大的一些案子，引來了巴基斯坦國內外的不平之鳴。比如十三歲的失明女僕莎菲亞·畢比（Safia Bibi）一九八三年在旁遮普省遭雇主的兒子強暴，但卻因她無法按伊斯蘭教戒律的標準指認罪犯，因而他宣告無罪；而她卻因爲未婚懷孕，婚外性行爲罪證確鑿。法官判決這懷孕的女孩只鞭打三十下，他說純是因爲同情她是盲人（在引發社會不滿的吶喊之後，聯邦的伊斯蘭戒律法庭終於重審此案並取消原判）。巴基斯坦律師納伊姆·沙克（Naeem Shakir）說得好：「舉世媒體都在報導莎菲亞·畢比的案子，她被定罪，讓整個國家蒙羞。」㉙

這當然就是關鍵。我們可以稱爲「集體蒙羞」的一種策略，不但對巴基斯坦政府帶來了壓力，尤其也使其政治權威受迫，必須減輕更嚴重婦女人權受害的情況。二〇〇四年，巴基斯坦國會通過修法，明訂榮譽殺人是犯罪，並且訂下這種罪行的最低刑期。不過這條法律並沒有改變榮譽殺人可以經由賠償調解的事實。接著在二〇〇六年十一月十五日，經過國內外人權運動人士多年的奔走，巴基斯坦國會終於通過婦女保護法案，做爲「胡都法案」的修訂案，除掉需要四名男性證人證明強暴罪行的條件（可想而知的是基本教義派可不開心）。㉚

但同樣的法律制度卻經常減輕以榮譽爲名殺人案罪犯的死刑，而且在許多案子中，榮譽殺人的主犯和從犯都並未遭到起訴。㉛二〇〇八年八月，在巴基斯坦西部俾路支省（Balochistan）的偏僻村莊巴巴柯特（Baba Kot），三名想違背家長意思嫁人的年輕女子，被村裡的長老集會處死，兩名年紀較長的女性親戚起而抗議，結果也被加進處決名單，五人的屍體被丟進無名溝渠，是否遭活埋則不得而知。

約十年前一幕很像莎米亞．薩瓦案的辯論中，代表該區的參議員伊斯拉魯拉．塞利（Isarullah Zehri）在巴基斯坦參院中挺身而出，捍衛這些「數世紀以來的傳統」。㉜（這讓我想到一個也許是杜撰的故事，英國殖民官員命一個印度家族，不准在火葬柴堆上把死者的寡婦一起燒死。印度人抗議說：「但是大人，這是我們的習俗。」官員回答說：「那麼我們的習俗是殺人者死。」）因此巴基斯坦人權運動者呼籲國家榮譽的說法，和外人干預傳統的說法，依舊你來我往。

巴基斯坦國內的一個反應，是像白沙瓦商會所做的一樣，抱怨像希娜・吉拉尼這樣的人讓世人注意到這些問題，因此有辱國家的名聲。但當一個國家在做大錯特錯的事時，把它呈現在世人面前，正是在乎司法正義和國家榮譽的愛國者應有的作爲。巴基斯坦的藝術家、記者和紀錄片製作人畢娜・莎瓦（Beena Sarwar）就告訴要抗議者閉嘴的人說，他們「問問自己是誰該負責：是讓這些犯罪聲名遠播的人，還是受害者？什麼才能使我們成爲更好、更強大的國家：面對這個問題，還是把它埋在沙裡？」㉝

爭議中的問題

我們能否由先前已經探究的三個道德革命，學到巴基斯坦改變的契機？決鬥、大西洋地區的奴隸制度，和中國婦女纏足各自都已經廢除數個世代，但如我們所見的，使之奏效的不是道德信念的改變，而是以榮譽爲中心的革命行動。新的事物並不是道德論調，而是遵從道德論點的意願。

當然，在這三場道德革命中，榮譽各以不同的方式作用，因此我們得知連結榮譽和道德進步的不只一種機制。但且讓我們探討這些各不相同的道德革命有哪些共同點。

首先，舊的非道德行為本身，也仰賴一組榮譽法則。這在決鬥一事上十分明顯；但我們也要記得，纏足原本也是一種榮譽，不但能保證社會地位，也確定漢族菁英婦女的貞潔；另外再想想大西洋世界種植園的奴隸，這不只是經濟的措施——勞力的來源，也是一種榮譽制度，體力勞動被分派給喪失榮譽的種族，而白人的榮譽——即使是社會階層最低的那些人，則因他們屬於法律上不能被奴役的種族，因而獲得提升。因此在這所有案例中，一個關鍵的元素就是，如果要這樣的做法消失，則榮譽法則就必須要改變。決鬥不能再當成維護紳士榮譽的做法，纏足不能再是較高地位的標記，勞力和非洲裔必須和不榮譽脫鉤（最後一項尚在進行中）。

第二個共同的特色是，早在這些革命之前，榮譽法則就已經面對了道德和宗教方面的質疑。三者最後一個共同點則是，到革命結束時，榮譽已經成功地加入道德那一方。決鬥成了荒唐的舉動，成了人們訕笑的對象，甚至是恥辱的來源。先前為了榮譽而要為女兒纏足的人，現在公開表示他們不肯為女兒纏足。英國人因為他們的國家終結了橫跨三洲的強迫勞工制度，而產生了國家榮譽感。

但如我先前所說，這些例子又有相當重要的不同之處。要瞭解其原因，首先要記住我在第二章指出的：認可以兩種不同的方式和榮譽相關。第一，榮譽法則會限定你這種身分的人應該怎麼做，藉以塑造你的選擇。它會決定一套榮譽的做法。第二，榮譽法則會容許你參與由與你身分相同的其他人之成就所衍生出來的榮譽。

第二種身分與榮譽之間的連結——經由共同的認同共享尊重，在廢除決鬥陋習這方面並沒有發揮什麼作用。英國的紳士並不會因爲他們覺得決鬥會使所有的英國紳士都丟臉，而想要說服其他紳士停止決鬥。他們之所以改變這種維護榮譽的做法，只是因爲這種做法不再有效果，部分是因爲十九世紀中葉英國的榮譽世界已經平等化，宣稱紳士有權行使這種特別的習俗非但不會使人尊重，反而會招來譏笑。因此他們回應了周遭的改變，他們並沒有放棄榮譽，而是重新定義了他們的榮譽法則，適應新的社會情況。

但是中國反纏足的文人學者卻要其他文人不再纏足，因爲他們認爲這種做法爲他們所有的人帶來羞辱：因此這是改變榮譽做法以及其他許多種準則的一個方式。屬於某一種身分認同的人（在此例是中國人），可以努力讓和他們身分認同相同的人停止做某事，因爲這件事爲他們所有的人都帶來恥辱。他們也可以藉著共同榮譽的動機，希望不同身分的人停止做某事，如英國工人階級希望停止殖民地蓄奴者和美國放棄奴隸制一樣。反奴隸的勞工階級雖然並沒有任何人曾做過奴隸，但卻希望其他人停止奴隸制度，因為奴隸制本身就意味著一種對他們的不尊重——不榮譽。使決鬥告終的文化民主化，同樣也破壞了奴隸制，因此在這最後幾例，是共同的榮譽，如中國人或工人的榮譽，促使運動站穩腳步，只是它透過的是兩個不同的機制。

這只是一組抽象的歷史看法，榮譽殺人和決鬥、纏足，和奴隸制等一樣，都是不道德的做法，但假設你想要找出能供榮譽殺人參考的教訓，那麼由纏足的歷史可以學到的一點是，要改變這種做法，得先說服人們：他們追求榮譽的做法，在更廣大的榮譽領域中，卻為他們帶來了集體的羞辱。我們看到這種集體羞辱的策略已經在巴基斯坦開始發揮作用。共同羞辱的策略非僅在中國成功，也在英國反奴隸運動的第一階段有所建樹，當時它是中產階級為了英國榮譽而進行的愛國運動。

讓我們回想一下它是怎麼運作的。在國內的人召喚同胞對榮譽危及國家海外聲譽的注意力。這個策略需要謹慎地運用，因為它可能會產生國家主義的反作用力，讓國人在聽見這樣的批評之後，正因為不瞭解這種做法的外人反對它，而更積極的捍衛它。也因此外人的貢獻不該是不諒解。堅持榮譽殺人不合伊斯蘭教義——這不只使伊斯蘭教，也讓巴基斯坦蒙羞，而且它未能執行其憲法號稱是該國組成核心的理想，就非常重要。在反對榮譽殺人的努力中，伊斯蘭教是盟友。

榮譽殺人當然並不只是巴基斯坦的問題，在鄰國阿富汗和印度，也可見到同樣這個問題。在土耳其，法律訂定榮譽殺人爲非法，並且確實執行，但它依舊司空見慣，尤其是庫德族人（the Kurds），在他們爲主要居民的城市如安卡拉和伊斯坦堡和鄉下地方，更是常見。在阿拉伯世界——由埃及到沙烏地阿拉伯，由約旦到巴勒斯坦領土到伊拉克，女性常以榮譽之名被殺害，或以強酸在她們肉體上烙印。這些地方都是伊斯蘭社會，殺人是非法的，雖然法律有時對以榮譽爲藉口殺人的人特別寬大。

在來自這些地區的移民定居歐洲和北美之時，他們也把榮譽殺人的法則帶到這些國家；而在移民家庭適應新社會時，得面對年輕女性該有什麼樣的舉手投足，以及該如何對待她們的挑戰，榮譽殺人就成了做父親和兄弟控制反抗他們所謂祖先家規的女兒或姊妹的手段。

在上述這所有的地方，挑戰就在於保護婦女免於這些危險，同時修改造成這些威脅的榮譽法則。並不是所有這類罪行的犯行者都是穆斯林，錫克教徒（Sikhs，南亞和移民社區均有）和巴勒斯坦的基督徒都曾發生過類似的案子，但大部分的案子都是發生在穆斯林身上：而當他們是穆斯林時，我們就可以指出他們違反且羞辱了他們的信仰。

然而也不能忽略在像巴基斯坦這樣的國家，不論在法律和社會上，對性行爲的規範雖違反人權，但在穆斯林傳統自有其深遠的基礎。在榮譽殺人這方面，它違反伊斯蘭教傳統不辯自明，但在其他論點上，我們卻免不了面對這棘手的問題。有些教義解釋說，先知要求不正當性關係需要四個成年男性（或者自白）爲證，才足以稱爲證據，其證據的標準太過嚴苛，幾乎難以達成。我認爲先知之所以有這些嚴格的標準，一個可能的理由是他想要減輕早先阿拉伯對性榮譽法則更嚴厲的刑罰。畢竟可蘭經的每一章一開始，都是以「至仁至慈的眞主」稱呼神。

不過，穆斯林的社會依舊發生過以石砸死通姦男女的事例。如果伊斯蘭的共和國要承認其公民的人權，就必須去除穆斯林傳統中的這個成分。我們知道，宗教上常提到這個問題，舊約利未記在第二十章第十節講到，

> 與鄰舍之妻行淫的、姦夫淫婦，都必治死。

摩西之律法（Mosaic Law，希伯來人古代律法，相傳爲摩西所制定）就像伊斯蘭教戒律一樣，也談到以石塊砸死犯罪的男女，但當代沒有任何主流的基督教或猶太教派會執行這樣的戒律。[34]

改變榮譽的觀點

如同我們在中國纏足的例子之所見，如果要以共同的恥辱這種策略來發揮改變榮譽立場的效果，需要內外雙方聯手。要建立這種聯合陣線，我們可以用工人階級反奴隸爲例，這種做法動員一群人，讓他們看見在世界另一端的榮譽做法，他們自己並未參與的做法，卻意味著對他們的不尊重。我把這種策略稱爲「象徵的聯合」：你讓人們看到一種假定他們自己不榮譽的做法，讓他們因而加入你，反對這種做法。而動員外人的一種主要方法就是藉由這種策略。因爲在巴基斯坦（以及其他地方）反對榮譽殺人運動最有力的盟友，是國際婦女組織，因爲他們瞭解 karo-kari 的做法是對待女性不如男性尊重，也就是女性不如男性有榮譽。他們當然視此問題爲司法問題，但他們的動機同樣也包括：榮譽殺人的象徵意義，顯示了婦女的從屬地位，而它同樣也反映出其他地方婦女的榮譽。這反映出一個信念，那就是婦女未能受到非常基本的尊重。

榮譽殺人的做法，雖然理論上也適用於男人，但最常還是針對女人。這不僅讓許多女性受到威脅，接受婚姻暴力的虐待，也提供男人除去他們不想要的女人而不受懲罰的最佳藉口。巴基斯坦的記錄中滿是把殺人假裝成榮譽殺人的案子，[35]因此婦女永遠受到丈夫、兄弟、父母，甚至兒子的威脅。他們可以說，照我想要你做的做，不然我們就說你有不正當的男女關係，殺死你，而我們很可能不會有罪。莎米亞・薩瓦想要和已經離開開多年的丈夫離婚，好和她所愛的男人結婚，在正常的道德情況、在伊斯蘭法律、在巴基斯坦的法律下，她都有權如此做，但由於離婚會危及她家庭的榮譽，因此她在大庭廣眾之下被母親帶來的殺手打死，更糟的是，她家人顯然默許她的死亡，而這的確挽救了他們的榮譽。殺害她的人雖在一團混亂中被打死，但如果他沒被打死，事後是否會被定罪處刑，還在未定之天。[36]巴基斯坦參議員的政治人物讚美她家人的榮譽感，稱莎米亞・薩瓦（二十九歲的已婚女子）是bachi（小女孩），並稱她所藏身的婦女之家是

「妓女戶」。[37]他們設法羞辱已死的她，讓她的家人獲得榮譽。

在巴基斯坦，一般婦女一直都得要工作，不論是在農田，或是做傭工。而如今，也有越來越多地位較高的婦女加入工作行列，像莎米亞・薩瓦和她母親，都獲得專業資格，對國家經濟有所貢獻。她們也越來越能在公眾面前講話，讓她們的聲音被聽見。像已故的班娜姬・布托總理或莎米亞・薩瓦知名的律師希娜・吉拉尼之所以能對巴基斯坦的公共事務有所貢獻，是因爲她們擺脫了以婦女不拋頭露面爲理想的榮譽法則。而有這種經驗的婦女不會坐視她們的姊妹被謀害，一如莎米亞・薩瓦遇害之後所掀起的抗議聲浪所顯示。在鄉下巴基斯坦的婦女通常比較欠缺支持她們的當地組織，萬一受到脅迫也沒有多少地方可去，但都市婦女卻可到 Dastak 之類的庇護所，獲得女性和人權組織的支持援助。[38]在這樣的情況下，要婦女安於自己地位的榮譽法則也就受到越來越大的威脅。

在這裡，我們可以由決鬥最後的故事學到一些教訓，那個榮譽世界被說服說它的榮譽法則已經不再有效，榮譽的做法經過修改，由軍方貴族的榮譽變爲紅衣主教紐曼所說的現代紳士更平民化的新榮譽法則，更適合眼前這個世界。ghairat（家族榮譽）的新觀念以眞正的尊重婦女爲男性榮譽的核心，對許多當代巴基斯坦人而言，恐怕就像在十九世紀初的英國，提出以避免傷害別人爲眞正紳士法則的觀念一樣匪夷所思；也像一八八〇年代中國，說纏足婦女難於婚配一樣教人不敢想像，但實際上，已經有人在這樣想了。莎米亞．薩瓦遇害之後，阿斯瑪．賈漢吉爾大聲疾呼：「對手無寸鐵的女人開火，這是什麼榮譽？」㊴以「反榮譽犯罪的阿拉伯人和穆斯林」廣爲招徠的 www.nohonor.org 網頁，有個精彩的口號：榮譽殺人毫無榮譽可言。

在先前所有的榮譽革命，激發榮譽的力量是因勢利導，而非挑戰質疑。看來要廢止榮譽殺人，正確的方法是不是要反對榮譽，而是要改變榮譽的觀點，更動分派它的法則。阿斯瑪．賈漢吉爾問對了問題，而且也有諸多巴基斯坦人都提出了這個問題。在第一章中，我提到威廉．戈德所問的問題：對抗決鬥的社會壓力還是屈服這壓力而去決鬥，究竟哪一個比較勇敢，他想要在榮譽和決鬥之間建立相反的關係，一如阿斯瑪．賈漢吉爾和其他女權同僚想要讓榮譽和 karo-kari 建立相反的關係一樣。

對婦女施暴在全球都是極其常見的問題，榮譽殺人只是其諸多形式之一端，但我相信改革榮譽和每一種性別暴力都息息相關，尤其每一個社會都必須要主張，攻擊你自己家裡的婦女或是任何人，都是不榮譽的來源，是一種羞辱。

榮譽的問題和解答

我們已經考量過的這三種不同的案例顯示了榮譽法則的改變會以什麼方式塑造榮譽，讓它發揮善的效用。在決鬥方面，英國十九世紀中葉紳士榮譽觀念的改變，產生了新文化，其對紳士榮譽的核心威脅——可能喪失尊重，遭到羞辱，原本是決鬥的理由，最後卻成了反對決鬥的理由。在上世紀之初的中國，中國文化菁英婦女的榮譽要求她們得纏足，但由於文人學者對國家榮譽的觀感，動員了另一種榮譽——國家的榮譽，來對抗舊制要求纏足的貴族榮譽。希望國家能在現代世界有一席之地的知識分子重塑了榮譽的文化，因此在一個世代之內，小腳不但不是榮譽的來源，而且成了難爲情，甚至恥辱的標記。在十九世紀後期，漢族菁英家庭恐怕很難爲天足的女孩找到合適的丈夫；但到一九三〇年代，在中國大部分的地方，情況卻正好相反。另外，十九世紀中葉，英國工人階級爲了獲得他們自己身爲工人的榮譽，因此他們聯合反對奴隸文化，因爲奴隸制度把自由（和白人）和榮譽結合在一起，而奴隸（和黑人）則和恥辱連結。

這三個例子中有一件事非常特別：它們是革命。它們的發生，就如纏足結束一樣，以驚人的速度進行。廢止奴隸交易運動是在一七八〇年代開始，一七九〇年代已經如火如荼，而在這二十年間，也正是歷時一世紀英國奴隸交易達到頂峰之時。㊵在歷史上，這些時刻就像高中實驗室裡進行的實驗，晶體由一顆小小的種子迅速散布到整個液體中。決鬥的最高峰其實離它的喪鐘也相去不遠。而證諸榮譽殺人這種比伊斯蘭教還古老，並且還在非洲及亞洲很大的範圍進行的做法，我們該記得的是，其他三種古老的風俗看起來也龐大、持久，難以改變，但結果卻像閃光紙（flash paper）一樣，瞬間燃燒化爲烏有，沒有留下任何灰燼。

在《誘惑與遺棄》的終曲，唐．文森佐因爲忙著安排不情願的小女兒嫁給派皮諾，終於心力交瘁，他瀕死時要律師和醫師承諾不能透露噩耗，直到婚禮結束。在電影最後幾幕，我們看到消極而認命的阿格涅絲走上聖壇，也看到她姊姊剪了頭髮，成了修女——基督的新娘。接著最後一幕，我們看到唐．文森佐墓前的塑像，上面刻著「榮譽和家庭」幾個字。阿斯卡隆尼家已經有三個人爲了榮譽而做出犧牲，但這部電影不論多麼消沉，都是一齣喜劇，是個諷刺。在反省義大利文化之後，法蘭卡．薇奧拉有可能抗拒她社會中的榮譽文化。而電影所提出的論點是，電影中所描寫的這些做法不但錯誤——造成沒有愛的婚姻，阻礙了夢想，讓人受到折磨，甚至死亡，而且這些做法荒唐可笑，讓西西里成為笑柄。Solventur risu tabulae，這個案子在訕笑中收場。

我的心得是，如果我們能重塑榮譽，而非只是空談道德，才能讓巴基斯坦的婦女不再受到榮譽殺人的威脅。羞辱，以及有時候精心設計的嘲笑揶揄，可能正是我們所需要的工具。並不是說道德、司法、人權的呼籲不重要，但反榮譽殺人的行動應該是鼓勵巴基斯坦人民瞭解：他們的國家因為容許這些錯誤的做法而遭到恥辱。這些殺戮的錯誤正是解釋它們為什麼是恥辱的要素：就如纏足和奴隸制度的錯誤使它們成了中國和英國人之恥辱來源一樣。我看到的希望是，當時機到，改變就會成為革命：在很短的時間中發生巨變。

我們已經看到巴基斯坦的女人——和男人提出這個問題：一個男人如果殺死自己家裡的女人，怎麼能說他有榮譽？如今已經現代化的知識分子就針對榮譽殺人提出問題，一如康有為對小腳提出的問題一樣：如果我們做出這麼可怕的事，怎能在世上受到尊重？而且他們提出這個問題，不只是因為他們的榮譽世界已經擴展到納入了其他的人類，而且也因爲他們希望他們的國家——在他們的眼中，值得人家的尊重。榮譽必須和榮譽殺人對立，一如它和纏足、和奴隸制對立一樣。用各種方法不斷提醒人們，榮譽殺人是不道德、不合法、不理性、不合宗教，但我懷疑即使大家都承認這些事實，依舊不能因此而讓人知行合一，唯有在社會大衆覺得榮譽殺人不榮譽之時，它才會徹底崩潰。

5 教訓和傳承

我們的祖先所謂榮譽的原型，其實只是其諸多形式的一種。他們把屬的名字，給了只是一種的類別。民主的世紀依然可以像貴族的時代一樣有榮譽，但很容易就能證明彼此有不同的面貌。

——亞歷西斯・德・托克維爾，《論美國的民主》①

榮譽初步

我們已經歷經了許多時代和地區，探索榮譽在先前三個道德革命中所扮演的角色，拜訪了倫敦的威靈頓公爵和溫奇爾西伯爵，北京的康有爲，費城的富蘭克林和特倫特司托克的約書亞・威治伍德，最後我們來到現代巴基斯坦，希望在那裡能很快進行一場榮譽革命。現在我們來到了如我在一開始承諾的階段，要把我們對榮譽所知所學，以基本理論的形式展示出來。

茲描述如下：得到榮譽，意味著有資格受到尊重，因此如果你想要知道一個社會是否在乎榮譽，首先就要看那裡的人民是否認爲人有受到尊重的對待。接下來要看的是，那種尊重的權利是否基於一套共有的基準，依據一套法則而生。榮譽法則規範了某種身分的人該如何獲得受尊重的權利，他們又怎麼失去這種權利，以及擁有和失去榮譽如何改變他們受到的待遇。

你對人可以表現許多種尊重，而每一種都包括了因對方的一種或多種事實，而適當地對待他。有一種和榮譽相關的尊重來自於因某人達到某種標準，而對他有正面的評價，我們稱這種尊重爲佩服。我們佩服在各種事物中表現傑出的人，由高空跳傘到詩歌創作。不過，有時候正面的評價未必來自於對某個標準的成功衡量，這是第二種和榮譽相關的尊重，也就是認可的尊重，比如我們對執勤的警官（前提是他們達到相關的專業標準）表示認可的尊重。找出對這兩種尊重賦予權利的社會，你就找到了榮譽。

如威靈頓公爵和溫奇爾西伯爵這樣享有同樣認同和榮譽世界的人，就是榮譽的同輩，通常他們有權互相尊重，而這種尊重並非來自佩服，而是因爲相互認可他們共有的地位。榮譽同輩非常重要的是平等，這種同輩中的榮譽和競爭的榮譽截然不同，在競爭的榮譽中，你得在某方面表現傑出，能夠比別人更符合標準。希臘英雄阿奇利斯是偉大的戰士，因此他的榮譽就是競爭的榮譽。競爭的榮譽本質上就是有高下之分的，因爲它以某種標準來衡量人們。

榮譽法則要求某種身分的人要有特定的行爲：不同的身分往往會有不同的要求。比如榮譽法則對男女的要求常常不同，但遵守同一法則的人，不論他們是否有同樣的身分，都屬於同一榮譽世界。他們共有的一點是，他們承認榮譽法則因他們的身分而提出的要求，並且預期其他人也會有同樣的要求。普什圖法就包含了十分詳盡的這種法則，一如規範中國文人或英國紳士的法則一樣。

不論是認可的尊重或是佩服，都可能出於榮譽法則，而與道德無涉。比如英國紳士有權獲得認可的尊重，就和道德無關；或者成功演員得到影迷的佩服，可以反映出他們符合卓越的標準，但卻並非道德卓越的標準。榮譽法則也可要求某種身分的人去做其實並不道德的事，最明顯的就是：榮譽殺人。

不過，有一種榮譽是因爲做了道德所要求的事而獲得尊重，另一種則是當你做到甚至比道德所要求還高的標準，因而獲得佩服，就是如泰瑞莎修女這樣的聖人所有的榮譽。最後，榮譽本身也要求我們瞭解，在其他一切都平等的情況下，每一個人都有我們所謂「尊嚴」的基本尊重權利。尊嚴也是一種榮譽，而其法則是道德的一部分。

不論你怎麼得到你的榮譽——不論是因成功帶來的佩服，抑或是因別人認可有關你的某種明顯事實，如果你達不到榮譽法則，就可能喪失你的榮譽。而如果你遵守榮譽法則，那麼你不只會尊重做到榮譽法則的人，也會對做不到的人產生輕蔑的反應。因此若你自己符合這些標準，你就能感到自尊自重，否則你就會輕視自己，感到羞恥。如果有人達不到榮譽法則的標準而不感到恥辱，那麼就顯示他們並不遵守這樣的法則，我們就說他們無恥。

至於當你遵守榮譽法則時該有什麼感受，則沒有那麼明白清楚。驕傲是羞恥的相反，你或許以爲對自己的榮譽會產生這樣的反應，但有些榮譽法則卻要求有榮譽的人要謙虛。不過在許多社會中，榮譽法則依舊讓某些身分的人，在有資格時，要求其他人的佩服，而且在他們沒有得到時，堅持要求下去。

我們已經知道，榮譽並非只是個人的事，如我們之所見，首先，榮譽法則的要求是依你的身分而定，也就是說，對所有和你身分相同的人，它都有同樣的要求。但第二，你會分享和你身分相同者的榮譽，在他們表現好時同感自尊自傲（在他們表現差時覺得羞恥），並且也因此受人的尊重或輕視，而且即使你自己什麼也沒做，依舊有這樣的反應。

向後回顧

這種榮譽生命的形象聽起來老掉牙了，不是嗎？如今我們應該看穿這種假的理想，瞭解道德應該是避免傷害，或者是爭取公平，獲得同意，或者得到權利，而且你的性別和階級，不論在什麼樣的情況下，都不該影響道德對你的要求，榮譽應該被放逐到某個哲學的荒島，任它自生自滅，看著它曾經閃閃發光的劍鋒在含鹽的空氣中鏽蝕。

這當然不是我的想法，我想要在最後這一章裡提出，榮譽，尤其在它除去其階級性別等等之後，尤其適合把私下的道德情操化爲公共的標準。它在公私兩方面聯合起來的約束力十分明確——在英國、中國，和現在的巴基斯坦，由個人的道德信念到協會的創建以及會議的籌畫、請願，和社會大衆的運動。這一切，正如歷史和社會學者必然會呼籲的，都是這種政治運動最終成功的必要條件。這也是我們依舊需要榮譽的一個原因：它可以協助我們改進世界。

但榮譽的制度不只因其他人能做得好而協助我們，它們也能讓我們繼續追求我們自己的善。如果法則是正確的，那麼榮譽的生活將會是眞正值得尊重的生活。這樣的榮譽世界能夠讓值得受到尊重的人和群體得到尊重。尊重將會是有價值生命的報償，也能提升表現好的人的自尊。在表現得好的人獲得尊重的世界，會有更多人能夠表現得好，尊重的文化會支持它們。因此榮譽非但不是老掉牙的古董，而是一如以往，是由我們對自我想法和其他人看法之間對話爲燃料的引擎，可以促使我們認眞看待我們在共有世界中的責任。眞誠的人會追求他自己的理想，如果他成功，我們或許該尊重他。但一心要做對的事和一心要受人尊重並不相同，唯有在我們在乎受人尊重時，才會把表現得好和我們在社會中的地位連結在一起，榮譽使眞誠爲衆人所知。

道德挑戰

但如果我們在乎的是道德的提升，又何必去理會榮譽？畢竟，我們知道榮譽可能對，也可能錯。在威靈頓公爵的例子中，不論榮譽與否，溫奇爾西伯爵指控威靈頓欺騙，原本就是錯的，而且破壞了威靈頓的名譽，因此你或許會以爲威靈頓之所以要求溫奇爾西道歉，更正他的謊言，並不是因爲他的榮譽受了冒犯。因此在這裡出現了道德對榮譽的挑戰：如果人因某件事是正確的而去做它——這是康德首先提出來的道德生活理想，那麼我們就該反對這些貴族所回應的制度，即使它引導他們去做了看似正確的事，但他們卻是爲了錯誤的理由而這樣做。如果說謊誹謗而不肯道歉是錯的，那麼爲什麼不直接就這麼說？爲什麼把榮譽扯進來？

先說最簡單的情況。假設我是有榮譽感的人，再假設在我的榮譽世界中，對於誠實待人的人，有予以尊重的法則，而誠實待人這點當然也符合道德的要求。如果我受到說謊、欺騙或偷竊的誘惑，我就有各種理由抗拒這樣的誘惑。最根本的理由是，這樣做是不對的，如果我爲了這個理由而避開了誘惑，那麼我的做法就是康德所謂的善意志

（good will）：我做對的事，因爲它是對的。如康德在《道德形上學基礎》（*Groundwork of Metaphysics of Morals*）中頭一句所說的，善意志是舉世唯一無條件的善。②

但由於我有榮譽感，我也想要維持我受到尊重的權利，因此我有更進一步的理由，也就是爲了維持我的榮譽，而要避開誘惑。我希望能値得別人的尊重，不論別人是否眞的尊重我與否。於是義務和榮譽就提供我避開誘惑的理由，但這和別人對我眞正的反應無關，因此這些理由可以說是內在的理由。不過還有外在的理由讓我做對的事，也就是如果東窗事發，會有什麼後果，如害怕法院的處罰這種理由。身爲有榮譽感的人，我在乎的不只是自己要値得別人的尊重，而且要確實受到尊重；我喜歡受人尊重，何況要是別人不再尊重我，會對我比較不好。

康德認爲我們最好按照我們的善意志行事，原因之一是，如果我們這樣做而且成功了，通常我們的作爲都是對的。另一方面，如果有人只因我上面所提的外在理由而行事，那麼除非他覺得自己的作爲會被人發現，否則就沒有理由做對的事。不過請注意在我所想像的例子中──做合乎道德之事的人會獲得榮譽的例子，那麼在這方面，對榮譽的關注就像善意志一樣。如果做合乎道德的事可以獲得榮譽，那麼不論外在的情況如何，都會有榮譽的動機。因此，如果你重視康德理由中的善意志，你就可以用同樣的原因重視榮譽——只要它的法則是榮譽與做正確的事相關。榮譽和正確行爲的關聯不是因外在的事件，而是出於內在本身。

我想這並非康德自己的觀點。他在《基礎》一書明白提出「榮譽傾向」爲動機時，說這並不值得最高的尊敬，即使它和一般利益和義務正好相符亦然。原因是，在他的觀點，唯一值得完全尊敬的是，爲做對的事而做對的事，就如他所常說的，因義務的動機而去做它。

康德在這方面的討論，是當榮譽和義務（glücklicherweise），正好相合之時，因此他考慮的並非我剛提出的那種榮譽和道德並非恰巧相合的榮譽。因此，或許他可以同意我的觀點，在完全符合道德的榮譽法則情況下，唯有在盡道德的義務之時才能獲得尊重，那麼榮譽就和義務同樣是可貴的動機。威伯福斯的觀點就是像這樣的想法，而康德和威伯福斯兩人都是虔誠的新教徒典範。

不過康德自己說，我們應該「讚美並鼓勵」以榮譽爲動機的正當行爲，這話聽來合理。③畢竟，如果人覺得很難光憑義務而採取行動（他們顯然如此認爲），那麼我們就該確定他們有其他理由做該做的事。要面對這種道德的挑戰，我們不需要完全道德的榮譽形式，讓尊重的資格僅僅和你的道德義務相連結。我們所需要的是可以和道德相容的榮譽法則，這樣的要求低得多。而且康德其實也和我在第一章所提及的其他啓蒙時代的思想家一樣，總是認為榮譽——至少正確的那種榮譽，是好事。

不過，榮譽可以鼓勵善行，並不意味著它就是做善行的原因，不是嗎？對康德而言，善行的理由和極其堂皇的理由相關：自由——我身為自由意志者的自我觀念。自由不是放任，而是理性決定的結果。因此，要自由，就是要讓我自己回應行動的理性。理性是明白清晰的，而且不只是對當事人如此。這就是為什麼我們不能重新闡釋引導我們選擇的理由，說它們只正好是我們之所欲。當我們說，我「掌握」了一個理由，在我做（或想或感受）某事時，它對我有意義，這個理由讓我瞭解為什麼我該做它。而若你想要瞭解我這麼做的意義，你就也必須掌握它所提供這樣的基礎。若你的選擇只是單純的欲望，那麼它就根本沒有眞正的理由，難怪拉丁文表示純欲望的字 arbitrium，後來會成為英文的 arbitrary（隨心所欲，反覆無常）。康德的見解是，自由意志並非不受規範的意志，而是受理性良好規範的意志，由理性所規範的意志必須把這些理由視作來自外界本身。

我所主張的是，和康德的見解相反，榮譽是理性對我們的另一種要求：這種要求仰賴的是我們能認出榮譽法則所訂定的諸多不同標準，而當這些標準對我們有意義時——當我們處於同一榮譽世界時，我們也就瞭解能符合這些標準的人，值得我們的尊重。如我們所見，有時這標準也符合道德，但通常卻未必。

高下的問題

有時我們受至正義感所驅使，或者爲了想要做對的事，而去行善，不管有沒有人在注意。不過通常我們的動機是（或者也包括）因爲期待別人對我們的所作所爲有所回應，比如喜歡我們的人會對我們比較好，因此我們希望因這個理由而被人喜愛。這就是我們在乎其他人對我們態度的「手段性」理由。不過大體上，我們人回應尊重和輕蔑，並不是因爲我們有手段上的原因，而是因爲我們無法克制自己，非得這樣做不可。我們希望受到尊重，這是個事實，而且我們希望別人爲尊重而尊重我們，至少部分如此。

有些社會心理學家最近提出了基礎道德情操的分類法，他們說這些情感是被文化

「吸收」來維持其基準規範，其目錄包括了與避免或減輕傷害、公平和互惠、純淨和污染、內外團體之界限，以及他們所謂「敬畏」和「莊嚴」等相關的反應。④但他們也承認人類關懷階級高下和尊重的基本特質，認爲尊重是源自高下階級之事物。約翰．洛克（John Locke）很早以前（一六九二年）就簡明扼要地寫道：「輕視，或者缺乏適當的尊重，不論是在外表、言語，或姿態上……不論來自於什麼人，都會造成不自在；因爲沒有人能夠受到輕視而感到滿足。」⑤我們可以合理地推想，榮譽的情感和做法——佩服、輕視、尊重、服從，都是來自早期人類的軍隊階級。那麼，榮譽是不是一種返祖現象？

這並不是我們可以揮之即去的憂慮。英國的紳士榮譽法則有一個問題，那就是它以和道德並不相容的階級高下方式來分配尊重。的確，它要求一個紳士向拒絕對他們付出應有尊重的其他紳士挑戰；但當指控你不誠實的人來自較低下的階級時，卻沒有這樣的要求。當地位較低下的人待你不尊重之時，適當的反應就是抽他馬鞭。在這裡，馬鞭是象徵性的。在封建制度中，騎士和其他人的區別就在於騎士是騎在馬背上作戰，而其他人則徒步作戰。馬鞭象徵了你的紳士地位，因爲你騎在馬上，騎士精神的英文字 chivalry

來自法文騎士 chevalier，騎在 cheval（馬）上的人（當今在法國的最高榮譽依舊是騎士榮譽勳章〔Chevalier of the Legion of Honor〕）。

紳士法則的確要求某些形式的行爲——對國王和國家盡義務、禮貌殷勤等等，但這法則除了行爲的規範之外，也注重出身：生對人家，就已經得分，這個標準讓哈爾王子得以有榮譽的資格。我們勉強可以承認，到十八世紀，偶爾有人能夠克服出身——能夠成爲（以這屈尊降貴的說法）「出身低微的紳士」（Nature's gentlemen，出身低但人品高的紳士），不過比較少有人願意承認出身高貴的男人或女人——紳士或淑女出身的人，其實是莽夫俗婦（雖然許多年輕婦女因爲讀小說，而知道上流階級的人可能舉止如同禽獸畜生）。

突破榮譽和出身密切關聯的努力，幾乎和兩者的關聯一樣久遠。羅馬詩人賀瑞斯（Horace，西元前六五—八年）本身是解放的奴隸，他在約兩千年前和奧古斯都時期羅馬最富有最崇高的贊助者米西奈斯（Maecenas，西元前七〇—八年）所說的話就是一例。米西奈斯：「說，不論你的父母是誰，只要你值得尊重。」⑥但賀瑞斯卻抱怨說，大部分羅馬人持的看法正好相反。這位詩人發牢騷說，任何提供公職給他的人，都會問「他父親是誰，會不會因母親地位卑微而蒙羞。」⑦這是我們已經拒斥的榮譽舊制特色，因爲我們已經開始質疑人因他們毫無選擇權的身分而能得到較好（或壞）待遇的觀念。大家認爲，社會地位——也可以說是階級，不該讓你有任何道德權利，你的種族或性別或性傾向也不該。⑧

確實，尊重並不是永遠都和階級高下相關。記得，認可的尊重是以配合他人事實的方式對待他們，而那通常是道德的義務。比如，避免造成他人不必要的痛苦，是因爲他們受苦的能力而給他們應得的尊重。即使英國的紳士榮譽法則，如我們之所見，都融入了認可的尊重：在共屬同一階級的背景假設之下，它堅持了一種同等的社會。我們在本書開始時所討論的決鬥，把備受尊崇的戰爭英雄，和並無軍功的同輩放在同一個舞台上，並一視同仁。

但不容否認的是，評量的尊重因爲有所比較，因此必然會造成某種階級，雖然我們該說明這未必會與道德有所矛盾。如果有人在道德上有英勇的表現，那麼我們對他不只有認可的尊重，也會有評估的尊重，而我們對他所生的佩服之心，也會充滿道德感。同時，我們的佩服和榮譽，卻包括了和道德毫不相關的標準。當我們尊崇偉大的學者、藝術家，和運動健將時，我們評估的往往不是他的道德（可不是嗎，我們現在已經很習慣學術、藝術、政治，和運動英雄在道德上都教人失望）。不過，在菁英領導的社會，佩服通常會反映出合理的評鑑標準。難道我不該佩服一位諾貝爾獎得主？或者我的大學母校所頒發因爲仁愛服務而得到榮譽學位的受獎人？或者騎士榮譽勳章的得主？或者美國最高榮譽勳章的受獎人？

「人人都贏，全都得要有獎品。」《愛麗絲夢遊奇境》中的多多鳥如是說。但我們並不是活在奇境之中，也不得不看到如運動或智識的成就中，有高下之分：認眞看待這樣的領域，就意味著你可以在其中做得更好或更壞，因此適當的佩服制度就會支持我們應該想要支持的動機，而由於不論我們願不願意，佩服背後的心理機制都會照常運作，因此盡我們所能地把它們和我們所支持的目標配合在一起，就是唯一合情理的做法。

爲了回應新教徒對佩服的疑惑（如我們在威伯福斯身上之所見），休謨堅定地主張「追求名聲、名譽，或者與其他人的名聲，無可厚非，因此這樣的欲望和美德、才華、能力，和慷慨或崇高的性情密不可分。」[9]他所謂的「美德」，當然是指道德上的傑出卓越，但「才華」則指的是其他的優異表現。休謨在此的意思和我在第一章所引用他的文意正好對立，在那裡他的論點是，你可以有榮譽而無美德——決鬥「浪蕩子」的榮譽是邪惡的；而在這裡，他堅持如果沒有因榮譽而得到的支持，很難繼續維持卓越。榮譽並非道德，但它所動員的心理無疑地可以用在追求人類成就之上。

嗜血

那麼，榮譽可以符合道德的挑戰，也可以抹除它對道德上不合理階級形式的依賴。但它還面對了下面要談的第三種挑戰，那就是它似乎總與教人厭惡的暴力連結在一起。不論是決鬥、纏足、奴隸、榮譽殺人，其中的榮譽在生活中全都靠戰爭或痛苦的折磨而維繫。或許在我們人類這個物種初期的歷史中，與榮譽相關的情感協助了狩獵的群體，保護他們免受天敵威脅，並且共同分擔教養子女的責任。團體行動是由在行為上判斷和服從的尊敬模式維繫組合，而文化取用了這些基本的機制，把它們用在其他的用途上。但通常維持這些秩序的手段都會失敗，而一旦它們失敗，我們人，尤其我們男人，就會打鬥。

我們的確是極其暴力的物種：我們經常在團體之內互毆，而且往往打到死為止；我們也比其他物種更常組織成團體，互相打鬥。我們不只爲了食物和性和權力而鬥，也爲榮譽而鬥。爲了追求榮譽，人往往會耗費他們的資源，而男性尤其會冒自己生命的危險，除非我們耗費的這些心力能夠帶來報償，它才可能成爲我們的遺傳天性。不論這些報償是什麼，它們應該都能解釋爲什麼我們這麼在乎階級之分，同時如此擅長找出我們自己和其他人在階級中之地位。

那麼不可避免的是，終結決鬥、奴隸制度，和纏足的歷史改變，只是改變了榮譽，但並沒有摧毀它。如我們之所見，這些改變全都是更長久、更遠大的道德情操革命，其目標是減少社會階級、種族，和性別在塑造高下階層之分時的角色。這些社會變化扭轉了榮譽的意義；但它們並沒有摧毀每一個階級，因爲它們容許是非曲直之分。它們眞正的目標是改變標準，調整評估人的尺度。不過另有一個核心的社會方案已經用來減少榮譽的嗜血。

那其實也是終結英國決鬥的道德革命精彩的成就，它去除了對暴力的例行訴求，減少了對榮譽的爭議（這也頗有反諷意味。因爲決鬥規則原本就是一種道德化的進步：它們取代了文藝復興時期義大利年輕男子鬥毆鬧事，如在莎翁劇本中羅密歐殺死茱麗葉親人提伯特，以求榮譽的做法。）我先前提到紅衣主教紐曼一直都堅持紳士必須和善仁慈——他花了數頁篇幅來描述這樣的理想，頗值一讀。紐曼的紳士不但避免痛苦折磨別人，而且他「關懷所有的同胞；他對羞怯者溫柔、對疏遠者親善、對愚昧者仁慈，他可以分辨自己是和什麼人交談；防備不合時宜的暗示，或者可能激怒他人的話題；他很少主宰談話，而且從不使人疲憊。」

稍後，主教彷彿刻意（雖然含蓄地）指責上一代的決鬥者一般，他寫道：「他神智清楚，不會受侮辱冒犯，他事務繁忙，記不得別人的傷害，而且生性疏懶，不願記仇。」⑩由十八世紀末麥肯錫和史特恩的「性情中人」，到維多利亞時期中葉紐曼所提出的紳士形象，在小說和道德文章之中也有越來越多的論述，要以更教人愉快的禮貌客氣，來取代戰場上惱人的劍拔弩張、爭奪軍事榮譽的做法。

但減少個人紳士榮譽的火氣，並沒有去除社會大眾以刀劍槍火追求團體的榮譽。就在紐曼主教寫作之時，大英帝國的子民四處擴展他們的勢力，他們讀了莎翁歷史劇或《亞瑟王之死》改編作品，心中滿是五百年前的榮譽觀念。二十世紀始於一次大戰，其屠殺之可怖難以言傳，而其戰爭的目標則沒有人記得起來。年輕而善感的英國詩人魯伯特．布魯克（Rupert Brooke, 1887-1915，以理想化的戰爭詩聞名）應該會認爲決鬥是荒唐可笑的行爲，但他卻以教人動容的熱情歌頌這場人命無意義的浪費：

吹，軍號，吹！它們為我們帶來，我們所欠缺的
神聖，匱乏如此之久的，還有愛，和痛苦。
榮譽已經回來，如國王一樣，回到大地，
並且給他的臣民以皇家的報償；
而崇高再度在我們的路上走動；
我們已經接到我們的傳承。[11]

訓練軍隊的人宣稱，在激勵和教化戰爭行爲上，軍事榮譽是必要的基礎。下面我將論證的是，我雖想相信他們的這種說法，但問題是，如布魯克（以及原本並沒有感受到回應這些軍號之誘惑，較不那麼敏感的人）這種多愁善感的情操，會使我們更有可能走上戰場。

希望國際社會在可見的將來找出辦法協調爭議，讓世界不再受戰爭的威脅，這可能是癡人說夢，而如果軍隊是必要之惡，那麼職業軍人的生命就依舊需要軍事榮譽文化，哈爾王子的那種榮譽。⑫不過我們必須讓它安於其位，也就是限於戰場，而不能進入外交事務之領域。

佩服和專業倫理

如我們之所見，基本的認可尊重是我們認為人人都有資格擁有的，是以人類尊嚴的形式呈現，但這並不表示我們對特定身分的人不會有不同的尊重。對於正在行聖禮的神父、正在工作的經理、穿著制服的警察、審判席上的法官，和許多正在執勤的公共官員，我們都給予尊重的權利，而通常在這樣的情況，我們會以相關情況的服從做為尊重的表現：比如在法庭中，我們稱法官「庭上」，而且萬一他犯了法律上的失誤，我們也不會像在聚餐閒聊時那麼坦白地批評他。

我們文化的民主平等發展，造成的一個結果就是，我們不會期待別人在出了相關的背景情況之後，還對其他同胞表現出這樣的服從；但是在較古早、較不那麼民主的社會生活形式中則不然；男人可以期待女人的服從，上流階級會期待較低階層的服從，白人會期待黑人的服從……而且不論何時何地，他們都有這樣的期待。這樣造成的社會是，大部分的人都得不到最正面的認可形式。

但是在維繫和懲戒約束這些特定的社會角色時，評價的尊重——敬佩，就舉足輕重，它會維持要求甚嚴的行爲標準。如布倫南和佩迪特所指出的，在我們以敬佩爲標準，塑造我們的行爲時，榮譽世界中的每一個人都在監督。理由很簡單：榮譽世界中的人會自動尊重符合榮譽法則的人，而會輕視不符法規者。由於這些反應是自動自發的，因此極其容易就能維持這樣的系統。它只需要以我們天生傾向的方式回應即可。

另一方面，假設你想要經由正式的法律機制達到同樣的效果，就得賦予某些特定的人新的監督和判決權力，這會造成新的憂慮。你得面對古老的拉丁文問題：Quis custodiet ipsos custodes?（誰來看守警衛？）而佩服這一套制度的一個誘人特色就是，沒有任何個人有專權，能運用如警察逮捕你或法官裁決時所得到的那種尊重。⑬

想想軍事榮譽的法則。它訴求的對象是士兵（如海軍、軍官……形形色色的相關認同），或者如我們現在所知的，美國人、英國人，或巴基斯坦人；雖然軍人會因他所有的團或排表現的好壞而感到驕傲或羞恥，但基本上重要的是他們自己應遵守軍事的榮譽法則。

值得我們提出問題的是，爲什麼在這裡需要榮譽。畢竟，我們可以用法律來規範我們的軍隊；軍法可以做各種懲處，金錢利益則能做爲軍隊的誘因動機。因此爲什麼這些一般的社會規範——市場和法律，不能像管理其他公家要務——比如維修公路那樣，不足以管理軍隊？

首先，這兩種其他規範都需要監督。如果我們要付你獎金或懲罰你的過失，就要有人能查明你的所作所爲。但當戰鬥正酣之際，一切都被籠罩在戰爭的迷霧之中。如果一個士兵的目標只是要拿到他的獎金，或者逃避禁閉，那麼在最需要他效命的時候，他卻不會有表現的誘因。當然，我們可以花大量的金錢和力氣來作這樣的監督——比如我們可以在每個士兵身上裝個偵測他行爲的裝置，但這不但需要極大的財務成本，也會造成心理和道德上的損害。相較之下，以士兵本身（以及其同袍）榮譽感爲根據的榮譽，就可在不需要監控的情況下發揮莫大的效果；而且它也不像法律或市場合約一樣，任何在這榮譽世界周遭，或屬於這世界的人，都是有效的執法者。因此施行榮譽的成本其實非常低，而且就如布倫南和佩迪特所說的，我們不必擔心誰去監管守衛的問題。

以榮譽而非法律做爲鼓勵軍人的機制，另外還有一個原因：在戰爭中最有用的犧牲，往往需要我們冒風險去做額外的事：這些行爲要求太高，因此雖然在道德上有這樣的期望，但是不能做這樣的要求。因爲某人不去做他沒有義務去做的事而罰懲他，是不道德的。不過由於通常重賞之下必有勇夫，因此你可能會認爲，只要能解決戰事進行中一團混亂迷霧的問題，那麼金錢報酬應該是規範軍事行爲的好辦法。

然而在我們有了一套關於軍事榮譽共有的法則之後，就會發現以金錢回報士兵在戰場上的英勇是錯誤的：它在象徵上並不合適。我們不會因士兵勇敢而發放獎金，而是頒發勳章，更重要的是，我們尊敬他們，讓他們得到榮譽。我們給他們應得的敬重。我一直在論證，榮譽並沒有死，而是我們有了新形式的榮譽。不過我們現代的軍隊依舊保有我相信威靈頓公爵，或者荷馬史詩中的阿奇利斯或莎士比亞筆下的波旁公爵都能認得出的軍事榮譽世界，就像法國波旁公爵在艾金科特之戰明白己軍大敗之後所吶喊的：

恥辱和永恆的恥辱，除了恥辱別無其他！

讓我們榮譽而死！（《亨利五世》第四幕第五景）

能這樣想的士兵就是可怕的敵手。

榮譽爲什麼能這麼有效而有力地激勵軍人，這些反思也提示我們可以對其他職業做類似的論述。比如教師、醫師，和銀行家所做的，也都是外人很難監督其誠實與良心的工作，或者監督所費不貲。我們有種種理由期望他們能做比聘書要求更高的標準。而正如我們在這個千禧年頭十年所見美國的諸多經濟危機，銀行家個人牟私利的後果，往往要我們所有的人都付出昂貴的代價。[14]

我不是經濟學家，而且要瞭解如何制定專業的規範，需要經濟學者對經濟機構專業研究的思想，但近來在許多專業的領域上，一個值得注意的事實是，金錢的報償已經排除了敬佩的報酬。有時這兩者達成了不怎麼教人喜歡的契約。就如外科醫師阿圖・葛文德（Atul Gawande）在檢視美國醫療成本高漲的證據時所說的，在一些醫學社群中，創業家精神——以勤奮工作和創新來獲取日增的利益，已經取代了希波克拉提斯誓詞（the Hippocratic Oath）的傳統醫學價值。在這樣的情況下，他主張，敬重佩服就隨著金錢增漲，而受害的是健康。⑮

至於教書，你有多少次聽到大家在談那誨人不倦、備受社區和家長敬重的老師有什麼樣的結局？（如果社會眞的敬重佩服好老師的作爲，那麼爲什麼他們的待遇少得如此可憐？）當然，過去這些行業究竟有多少程度是受由榮譽法則所維繫的職業標準所規範，以及這樣的榮譽世界已經有了什麼樣的變化，這是複雜的歷史問題，但我疑心我們在這方面的確有所損失，而很多人也持有相同的看法。

榮譽的使命

榮譽，以個人尊嚴的形式，成爲爭取人權全球運動的動力。在個人的尊重佩服方面，它容許大大小小的社群酬答鼓勵表現傑出的人；而在國家榮譽方面，它也以其驕傲的可能和恥辱的風險，鼓勵公民在永不停歇的奮鬥中，規範其政府的行爲。這些使命也都能加進榮譽的專業功能，而在這些範圍之下，它運用的都是我們社會心理中無可逃避的特性。

但現在我想要以兩個人的故事，而非抽象的論述做爲本書結尾。這兩人，一男一女，其背景和所置身的情況完全不同，兩者卻都出於榮譽感，而做出榮譽生命最佳論述的行爲。他們倆各自挑戰違反情理和公義的榮譽法則，而且藉著這樣做，感動了他們自己的社會——甚至不只是他們自己的社會，追求更公義的未來。

讓我先由這名男子談起。衆所週知，二〇〇四年初，舉世獲悉在伊拉克巴格達附近阿布格萊布（Abu Ghraib）市收容所的美軍虐待男女囚犯。當年五月七日，美國國防部長唐納德·倫斯斐（Donald Rumsfeld）在美國參議院面前作證說，阿布格萊布的衛兵，就像在伊拉克的所有美國軍人一樣，受命「遵守日內瓦公約」⑯，這教伊安·費許貝克（Ian Fishback）上尉大吃一驚。這位第八十二空降師的二十六歲軍官兩度奉派駐紮在阿富汗和伊拉克，在短短的軍事生涯中，已經兩度獲得銅星勳章。他一直以爲日內瓦公約並不適用這兩地，在倫斯斐作證前九個月的期間，他在伊拉克費盧杰（Fallujah）的墨菝利營地就看過伊拉克的囚犯遭虐，的確，在他服役的這兩個戰場上，他見過「各種各樣的凌虐，包括死亡威脅、毒打、打斷骨頭、謀殺、日曬雨淋、讓身體極度疲乏、人質、剝光、不讓犯人睡眠，以及其他低級的手段。他以爲大家違反公約這樣做，可能是因爲有些人，就像他一樣，不知道囚犯應該受到什麼的標準待遇。

因此他決定要找出自己法定的義務究竟是什麼，並不只是因爲他曾在西點軍校受教育，身爲軍官，他應該要確定自己的士兵絕不會背上犯下不榮譽行爲的負擔。他後來寫道，他請教了他的「指揮系統，一路由營長、多位軍法署律師、多位民主和共和黨國會議員及其助理、布雷格堡總監察長、多項政府報告、陸軍部長及多位特級上將、關塔那摩灣（Guantanamo Bay）拘押中心的專業審訊人、負責教導正義戰爭理論（Just War Theory）和陸戰測則（Law of Land Warfare）的西點軍校副主任，以及無數位我認爲值得尊敬而且聰慧的同袍。」⑰

他說，沒有一位能提供他所想尋求的「澄清」。

「澄清」是委婉的說法，其實他想做的是揭發墨裘利營地的虐囚情況。在這過程中，一位指揮官告訴他，如果他堅持探究下去，「就會危及他部隊的榮譽」。⑱然而費許貝克知道，部隊的榮譽和它的名聲是不同的兩件事，因此雖然美國陸軍教他失望，他依舊不願放棄。他把資料提供給人權觀察組織（Human Rights Watch）的調查員，把他親眼目睹的事告訴他們。等他們的報告出爐，美國陸軍再次教他失望：來和他談的陸軍犯罪調查部的調查員只想查出把資料給他的士兵姓名，並調查他和人權觀察組織的關係。⑲

二〇〇五年九月十六日，費許貝克決定不再躲在人權觀察組織爲保護他而隱藏其姓名的背後。他寫信給參議員約翰．麥凱恩（John McCain），敦促他「爲穿軍服的男女主持正義」，給他們「清楚明白的行爲法則，反應他們冒生命危險維護的理想。」最後，麥凱恩參議員和另外兩位參議員起草了法案，立法禁止在反恐戰爭中虐待囚犯。

費許貝克的做法展現了榮譽做爲人類行爲準則的力量。他瞭解榮譽意味著不只在乎受到尊敬，而且也要値得受尊敬；他願意冒自己同袍和上級長官反對之險——也就是甘冒前途受阻的可能，來維護他的這個資格。他個人的榮譽感，他身爲軍官的榮譽感，他身爲美國人的榮譽感：都在危急關頭，也在爭議之中。「我們是美國，」他寫信給麥凱恩說：「我們的行動應該有更高的標準，如在獨立宣言和美國憲法這些文件中所表達的理想。」在這裡我們看到國家榮譽感提供給我們每一個人的雙重作用：它容許我們和我們國家的生命連結在一起，也讓我們和關懷我們共同榮譽的同胞連結在一起。

至於他個人的榮譽，它包括了對法律和道德，以及對他部屬的忠實，而且他視這些更高於他長官的期望。前國防部長倫斯斐——他對這些榮譽眞理的掌握似乎比較不確定，有人引述他當時說：「要嘛就阻止他，要嘛就摧毀他，而且要快！」⑳或許他沒說過這些話，但我們這麼容易就相信他曾說過這些話，也已經夠糟的。而對費許貝克上尉和他的同胞很有好處的一點是，如一名國會員工所說的，費許貝克是「非常有力量的人」，更不用說「我畢生所見最以榮譽為念的人」。㉑

費許貝克提醒我們，正確地瞭解軍事榮譽，是我們所有的人——不分軍民，都有理由尊重的事。但要瞭解榮譽力量的完整範圍，我們就得在軍人的世界之外，較不明顯的地方尋覓它。再沒有比開發中國家農村更平淡無奇之處，然而身為我第二個範例的這名女性（大約比費許貝克上尉早六年）就生在這樣的地方，在巴基斯坦旁遮普省南部穆紮法爾格爾（Muzaffargarh）區賈托伊（Jatoi）市附近的米瓦拉村（Meerwala）。她名叫慕哈妲蘭．畢畢（Mukhtaran Bibi），她家在以巴羅奇（Baloch）部族瑪斯托伊族（Mastoi）為主的地區耕種約兩英畝的農地。

二〇〇二年六月二十二日，她十二或十三歲的弟弟夏庫爾（Shakur）遭瑪斯托伊族人指控讓他們部落裡二十出頭的女子薩爾瑪（Salma）蒙羞，顯然是因為他在他家附近的小麥田裡和她說話。指控者決定要給他一個教訓：他們打他，強暴他，然後把他關了起來。

夏庫爾的爸爸請當地長老出面，但這位長老無法說服瑪斯托伊人大發慈悲，因此做父親的只好報警。等警察到了之後，瑪斯托伊人倒惡人先告狀，說夏庫爾強暴了薩爾瑪：他被交給警察，關在八哩之外的賈托伊監獄，被控以 zina bil jabr 罪，也就是「胡都法案」中，以強迫或欺騙手段發生婚外性行爲的罪名。

當天下午，慕哈妲蘭和夏庫爾家的代表和瑪斯托伊人的代表談判時，一大群人聚在離慕哈妲蘭家三百碼之外她娘家的農舍牆外。當晚，慕哈妲蘭的父親古拉姆．法瑞德（Ghulam Farid）告訴她，他們已經保證，如果他和女兒同來爲夏庫爾的犯行道歉，此事就可化解。因此等入夜之後，慕哈妲蘭、她父親、她叔叔，和一位家庭友人一起走過清眞寺附近的開闊空間，當時清眞寺已有上百人聚集。當時約三十歲的慕哈妲蘭拿著可蘭經，這本她雖看不懂但卻記得滾瓜爛熟的書，也就是她教導村裡兒童的書，她以爲這本書能保護她。

五名瑪斯托伊族人主宰了整個談判的過程，他們揮舞著步槍，又喊又叫，威脅陪著慕哈妲蘭來的男人。其中一人，薩爾瑪的哥哥阿布都．卡立克（Abdul Khaliq）搖晃著手槍。慕哈妲蘭在他們面前解下披巾，這是一種尊敬的姿勢，她一邊唸著可蘭經文，一邊在心裡默默地祈禱，等著看接下來會發生什麼事，結果不用多久，對於如何報復這個假想對薩爾瑪的攻擊而號稱不榮譽的行爲，瑪斯托伊族人早已經決定，他們要羞辱他們所指控這男孩的家人。慕哈妲蘭在不遠的棚子下被四個男人輪暴了一小時，完事之後，他們把全身幾乎赤裸的她推了出來，讓她父親帶她回家。

瑪斯托伊男人之所以如此厚顏地侵犯慕哈妲蘭，當然是因爲他們以爲自己的罪行不會得到懲罰。在旁遮普省發生這樣的事情，像慕哈妲蘭這樣背景的女人——農村家庭的貧窮婦女，只能默默地承受折磨，而她的家人在瑪斯托伊族的武器和他們與當地警察和省政府良好的人脈關係之下，也只能息事寧人。在旁遮普省許多像慕哈妲蘭這樣處境的婦女都會自殺了事。

然而下一週，在週五的祈禱中，長老在他的講經中譴責了瑪斯托伊男人的罪行，一個婦女竟被 panchayat（村議會）處於輪暴之刑，這則新聞上了地方報紙，人權團體介入關切，網際網路四處傳播，並且上了國際媒體。旁遮普省政府下令當地警方徹查。因此在慕哈妲蘭遭受殘酷攻擊之後八天的週日——在和家人閉門不出以淚洗面八天之後，警方傳喚慕哈妲蘭，她和父親與叔叔前往賈托伊接受調查。擠在警局門口的記者也提出諸多問題，而慕哈妲蘭非但沒有在恥辱中退縮，反而說出了她的遭遇。

在接下來的日子裡，藉著巴基斯坦國內外人權團體之助，慕哈妲蘭繼續爲公理正義而戰。她國家的當權人物也分爲協助她和阻礙她的兩派，向來都向權力靠攏的當地警察故意曲解她的證詞，要她在空白的紙捺指紋，然後扭曲她的說法。但後來有法官和她和長老談，並確實記錄她的說法。三個月之內，法院判決六名參與強暴的男子死刑，但判決卻遭拉合爾的高等法院推翻，宣告他們無罪。但之後伊斯蘭教戒律法庭又推翻高等法院判決。最高法院眼見三種不同法院各有矛盾的決定，只好主動出面干涉，親自考量此案，那時是二〇〇五年。到二〇〇九年二月，巴基斯坦報上有報導說，在巴基斯坦國會代表慕哈妲蘭地區的聯邦國防生產部長阿布都．卡顏．可汗．賈托（Abdul Qayyum Khan Jatoi）想要說服她撤銷此案，而更教人驚奇的可能是，這案子已經發生七年，依舊懸而未決。

在此同時，慕哈妲蘭則受長駐警察之保護，以免受到憤怒瑪斯托伊族鄰居的報復。二〇〇九年三月，她嫁給派駐到村裡保護她的其中一位警察。

雖然巴基斯坦的法庭猶豫不決，無法判定結果，但慕哈妲蘭卻已經改變了她的村落和國家。這名原本不識字的農夫女兒如今成了「慕哈妲・梅伊」（Mukhtar Mai）——意即「可敬的大姊」，這也是舉世所知她的名字。政府送了支票來做爲她的補償，她不但用它來支付自己的法律訴訟費用，也在米瓦拉創辦了一所女子學校。她希望周遭的女孩不要再不識字而缺乏力量。由於她的遭遇爲越來越多的世人所知，她也接到來自各地的金錢和援助。如今她不只開設兩所學校（一所女校，一所男校），而且還創辦了慕哈妲・梅伊婦女福利組織，提供庇護、法律協助，提倡女權。

更重要的是，她也一再地談她的遭遇，爲其他鄉村婦女發聲。她並沒有躲藏在強暴犯想要施加在她身上的恥辱之下，反而暴露他們的墮落邪惡，並且堅持司法正義，不只是爲自己，也爲她國家的婦女。她明白自己的階級和性別，都不能做爲不尊重她的藉口。慕哈妲・梅伊獲得了她的尊嚴，而且由於她這麼做，也教導其他婦女，她們也有獲得尊重的權利。

把慕哈妲・梅伊的故事傳播到全世界的《紐約時報》記者尼可拉斯・柯瑞斯托夫（Nicholas Kristof）以下面這段文字描寫她家的景況：

巴基斯坦各地的絕望婦女乘著巴士、計程車，和牛車來到她家，因為他們都聽說過慕哈妲，希望她能協助。最糟的案子是婦女的鼻子被切掉——這是常見的巴基斯坦刑罰，為了要永遠羞辱她們。慕哈妲聽她們講述遭遇，安排醫師或律師或其他協助。在此同時，這些婦女睡在慕哈妲臥室裡的地板上……每天晚上都有多達十餘名婦女，躺在整個房間的地上，靠在一起，互相撫慰。她們是不幸故事中的受害者，但她們也是希望的象徵，是時代已經在改變，婦女已經開始反擊的信號。㉒

慕哈妲在與一位法國記者的訪談中，敘述她面對喪失了榮譽而滿懷憤怒的瑪斯托伊群衆，她說：「雖然我知道我自己身爲比較低下階層的地位，我也有榮譽感，身爲谷賈人的榮譽。我們這些貧窮的小農民已經在這裡數百年，雖然我不熟悉我們詳細的歷史，但我感覺到它是我的一部分，它在我的血液裡。」我們很難知道，透過翻譯的面紗，該如何解釋這些文字。但她描述自己早年的生活，和她父親對加諸她身上攻擊的反應，顯示她生長在一個明白自己也有資格受到尊重的家庭，不論他們在當地站在什麼樣的地位階級上。

你或許會問，在這些故事裡，榮譽做了哪些光是靠道德本身做不到的事。如果有道德，士兵就不會虐待囚犯的人性尊嚴，就會使他們不贊同虐囚者的行爲，它也會讓迄今慘遭虐待的婦女明白，施虐者應受懲罰。但要士兵做出遠超過對的事，譴責錯的事，在己方有人爲惡之時堅持改正，則需要榮譽感。榮譽感才能使人覺得受到他人行爲的牽連。

也唯有需要你自己的尊嚴感，才能讓你在置身像你這樣的婦女很少能獲得公理正義的社會中，不計成敗地主張你的權利；更需要所有婦女的尊嚴感，才能不只是以義憤和復仇的欲望回應對你殘酷的強暴，而是要重新打造你的國家，讓它的婦女能得到你知道她們該得的尊重。做這樣的選擇，必須要面對困難，甚至危險的生活，而那也意味著——這絕非偶然，要過榮譽的生活。

資料來源與致謝

下面這些註記錄的是本書最主要的資料來源，列出參考資料，供有興趣的讀者進一步研究，並討論一些在本書主文中無處著墨的問題。

我在二〇〇八年一月首度爲約翰．羅伯．雪利講座（John Robert Seeley Lectures，劍橋大學兩年一度的社會和政治研究演講系列，由歷史系和大學出版社共同贊助）寫出這些論辯的第一個版本時，獲得不少收穫。我要感謝歷史系全體教職員的盛情（以及把歷史交給一個非歷史學者！）。而在二〇〇九年二月和四月，我把後來的版本交給普林斯頓大學羅門納爾系列講座（Romanell-Phi Beta Kappa Lectures）和維吉尼亞大學佩吉——巴伯講座（Page-Barbour Lectures）時，學到更多。我對榮譽的分析，是二〇〇九年三月在賓州大學哲學系收穫豐碩對話的主題，在該處我做了一場以哲學論述爲重心的演講。二〇〇九年六月在萊比錫大學，我以同一主題做了略有不同的演講。二〇〇九年十一月，我在維也納的奧地利科學院萊布尼茲講座談榮譽，亦有豐碩成果，對當時即將完成的這本書有不少助益。同樣對本書收尾頗有幫助的，則是二〇〇九年秋季我普林斯頓和大學部學生舉行的一場小型研討會：「榮譽的生命」（The Life of Honor）。

可惜我記不起究竟是誰在哪裡說了什麼，但如果讀者在上述這些場合發表過高見，那麼我感謝各位。我也感謝過去幾年來和我談過榮譽的其他許多人，我只遺憾自己未能把他們所有的見解全都吸收消化。在 Norton 出版公司編我的書的主編 Bob Weil 提了許多有用而詳細的建議，其實用性和細節都純屬他的貢獻（如所有由他出任主編的作者所知）。和他合作也相當愉快，在我和他合作 *Cosmopolitanism: Ethics in a World of Strangers*（New York: W. W. Norton, 2006）之時，已經有此經驗。最後，一如往例，我一定要感謝 Henry Finder 協助我寫作此書的每一階段，尤其是讀完不只一份，而且還包括前兩份較差的全稿，並且修改（他也陪我到劍橋和維也納，聽我談榮譽總共聽了四次！）。

在所有引用的文字中，我已經悄悄地把所有的拼字在必要之處全都美國化了，雖然各章各節的標題，我還是保留原本的拼法。所有的聖經引來都是來自欽定英譯本聖經（一六一一年由英王詹姆斯一世欽定），可蘭經的英文譯文則是取自一九一七年英語《神聖可蘭經》（*The Holy Qur'an*），由 Abdullah Yusuf Ali 翻譯（London: Wordsworth Editions, 2000）。其他的翻譯，除非有標明，否則都是我自譯。（包括把 Sir Thomas Malory 1405-1471 的作品譯爲現代英文！）詳細的引文請參閱編號附註，所有的網頁連結都在二〇〇九年十一月二十七日檢閱過。（包含所有連結的檔案可在 www.appiah.net 之 Current Work 的文件圖書館下載）。本書的題詞是來自 Samuel Taylor Coleridge 的 *Biographia Literaria: Or, Biographical Sketches of My Literary Life and Opinions* (London: George Bell & Sons, 1905): 113。

前言：榮譽感的進化

在我心目中，有關科學革命的現代經典是：Paul Feyerabend, *Against Method* (Atlantic Highlands,NJ: Humanities Press, 1975); Alexandre Koyre, *From the Closed World to the Infinite Universe* (Baltimore: Johns Hopkins University Press,1968)；和 Thomas Kuhn, *The Copernican Revolution: Planetary Astronomy in the Development of Western Thought* (Cambridge, MA: Harvard University Press, 1957)

以及 *The Structure of Scientific Revolutions* (Chicago: Chicago University Press, 1962)。

我的倫理和道德之分，是習自 Ronald Dworkin，見諸他的諸多作品。如他的 *Sovereign Virtue: The Theory and Practice of Equality* (Cambridge, MA: Harvard University Press, 2002): 242-76。我自己先前關於身分認同的作品請見 Kwame Anthony Appiah, *The Ethics of Identity* (Princeton: Princeton University Press, 2005) 及 *Cosmopolitanism: Ethics in a World of Strangers*。

1 決鬥的衰亡

本章受惠於 V. G. Kiernan 的 *The Duel in European History: Honour and the Reign of Aristocracy* (New York: Oxford University Press, 1988) 書中對決鬥的興衰有廣泛的調查；Stephen Darwall 在 "Two Kinds of Respect," *Ethics,* 88 (1977): 36-49 引介了評價和認可這兩種不同的尊重之分，也是本書的重要觀念。本章之首的題詞取自 *The Irish Practice of Duelling and the Point of Honour* 第十四條規則，Joseph Hamilton 在 *The Duelling Handbook* (Mineola, NY: Dover Publications, 2007) 第一四〇頁（重印一八二九版本）引用，原句如下：「副手在社會上要和當事人地位相當；因爲副手可能出於自願或偶然，而變成當事人，而平等是不可或缺的條件。」*The*

Irish Practice 一書影響深遠，是十九世紀初期在美國出版許多決鬥法則的基礎，不過其歷史來源卻頗為薄弱：Joseph Hamilton 是引用 Jonah Barrington 爵士的 *Sketches of his Own Times* (1827) (London: Lynch Conway, 1871): 277, et seq，但 Barrington 卻在一八三〇年因挪用公款而遭彈劾，並卸除愛爾蘭 Admiralty 地方高等法院法官職務。而且他的不可靠之處還不僅此而已，愛爾蘭作家 William Fitz-Patrick 曾說，「不論 *Sketches* 讀來多麼有趣」，依舊「只是消遣之作。」—— William J. Fitz-Patrick, *"The Sham Squire;" and the Informers of 1798 with a View of their Contemporaries,* 3rd edn. (Dublin: W. B. Kelly, 1866): 289。而 Hamilton 本人也說：「或許我們該為抄了 Jonah Barrington 爵士這麼多頁道歉，因為一般認為他的權威不足採信。」

一六七八年的《宗教考查法》（*The Test Act*，排除英國國教徒以外的一切人士擔任國家職務之法）要求上下議院議員宣誓如下：「我嚴肅而眞誠地在上帝面前表明、作證、宣布，我相信在聖餐中，麵包和葡萄酒不會在任何人的祝聖之時或之後，變成基督的身體和血：如現今羅馬公教所奉行的，祈求或崇拜聖母瑪利亞或任何其他聖人，以及彌撒聖祭，都是迷信和偶像崇拜……」在後來的修正法案中，也要求用類似的誓詞宣誓。《天主教解放法案》廢除了這些誓詞。

Frank Henderson Stewart 的精彩之作 *Honor* (Chicago: University of Chicago Press, 1994) 主張榮譽是一種「尊重的權利」——尤其在第二章和附錄一，但他認爲榮譽感是相當現代的發展——可能源自十七世紀中葉的英國，而且榮譽感在社會中越重要，整個榮譽的觀念就越禁不起批判。一個原因是榮譽感越來越傾向正直誠實，也就是說，就像忠於自己的價值一樣，對自己眞誠。這是個重要的倫理理想，對於受眞誠這種浪漫想法塑造的人——如我們現代人，非常重要——見 Appiah, *The Ethics of Identity*, 17-21。Stewart 還說，沒有理由從各種美德中，特別挑出這種，給予隨榮譽而來的特殊地位——有系統的尊重。他認爲逐漸增長的榮譽感會破壞榮譽本身，第二個原因在於，人越把榮譽感放在心中，就越難知道別人究竟有沒有榮譽感。我贊同 Stewart 關於榮譽感益發重要，是重要歷史過程之說。

不過他也主張榮譽法則逐漸與道德相符，我則不認爲道德和榮譽已經如他所說的相等。他的兩個論點是要說服我們，一旦你以榮譽感爲問題的核心，就有很好的理由放棄整套榮譽制度。我認爲他這第二個想法和我所提出的榮譽感有一點不同之處：我主張榮譽感正是鼓勵人行得正的原因，不論有沒有人在旁觀，因爲有榮譽心的人在乎的是自己值得受到尊重，而非只是受到尊重而已。

對於他第一個憂慮——沒有必要特別從各種美德中，特別給予眞誠特殊的地位，我的回應則分爲兩個部分。首先，在本書最後一章，我已經說明了爲什麼榮譽感在某些專業背景之下特別有用。而第二，我也堅持榮譽是特別的第二層序，即使在道德設定了榮譽所維持標準的情況下。在榮譽的標準是道德的情況下，人們就會對在某些道德方面表現傑出的人感到敬佩，在這種時候，我們對道德方面的表現敬佩與否，最基本的考量正是對榮譽的注重。在威靈頓的榮譽文化中，首相爲什麼不該決鬥，有許多特別的理由，其中一個就是官方對他行爲的指控並非個人事務。因此雖然他和溫奇爾西伯爵在天主教問題上意見不同，這種不同本身卻非決鬥之場合。這並不能阻止人們偶爾對在國會攻擊他們品格的人提出挑戰。被選入英國國會，卻不肯按《宗教考查法》宣誓就職，因而促成《天主教解放法案》的愛爾蘭愛國志士丹尼爾．歐康納爾，在一八一五年和 John D'Esterre 決鬥，殺死對方之後，發誓此生再也不決鬥（他也籌募了年金，資助 D'Esterre 的女兒）。一八三五年，歐康納爾在下議院稱 Alvanely 爵士是「傲慢的小丑」，後者要求和他決鬥。歐康納爾遵守誓言——這當然是紳士該做的行爲；由他的兒子 Morgan 代替他上場決鬥。Morgan O'Connell 和 Alvanely 爵士相互三度開槍，但無人受傷。在英國這種認爲政治不適合做爲決鬥理由的趨勢，和當時美國的情況正好相反，請參閱 Joanne B. Freeman, *Affairs of Honor: National Politics in the New Republic* (New Haven: Yale University Press, 2001)。

威靈頓和溫奇爾西兩名決鬥當事人和兩名副手的來往書信，休姆醫師對決鬥的描述，和傑瑞米．邊沁寫給威靈頓關於此事的精彩信函，全都可見於 Arthur, Duke of Wellington, *Despatches, Correspondence, and Memoranda of Field Marshal Arthur Duke of Wellington K.G.,* 由威靈頓公爵（其子）所編（London: John Murray, 1873）Vol. V: 533-47。休姆醫師寫給威靈頓公爵夫人對此事件的說明長達數頁，我是以他的版本做爲本書一開始事件的敘述。我也提及 Charles Greville 對決鬥的反應，他是波特蘭公爵的外孫，也是沃瑞克伯爵（Earl of Warwick）的孫子，在伊頓（Eton）中學和牛津大學基督教會學院（Christ Church College）受教育，在喬治三世加冕禮上擔任侍童— Charles C. F. Greville, *The Greville Memoirs: A Journal of the Reigns of King George IV, King William IV and Queen Victoria,* edited by Henry Reeve (London: Longmans, Green, & Co, 1899)。

包斯威爾和約翰生博士關於決鬥的談話全文如下：「談到決鬥的主題。強生：『在英國沒有一個案子是任一決鬥者非死不可：如果你讓對手繳了械，就已經足夠，雖然你不該殺死他；就決鬥可以發揮之效力而言，你的榮譽，或者你家庭的榮譽，已經恢復。在你明知你技巧較高超，因此較他占有優勢之情況下，要你的對手重啓決鬥是怯懦之行爲，不如乾脆趁他睡在床上時去割斷他的喉嚨算了。決鬥開始時，應該算是可以平等；因爲技巧未必總能占上風，它主要是靠意志，不，是靠意外。他可能逆風，可能摔倒，許多類似的事物可能會決定高下。光是被叫出來，冒決鬥之險，就已經是足夠的懲罰。』——James Boswell, *The Life of Samuel Johnson, LL.D. Together with the Journal of a Tour to the Hebrides,* edited by Alexander Napier (London: George Bell & Sons, 1889), Vol. V: 195。

我用來說明英國死刑的數據是來自 http://www.capitalpunishmentuk.org/circuits.html 和 http://www.capitalpunishmentuk.org/overviewt.html。

Robert Shoemaker 最近提出關於決鬥式微的另一種論點，認爲那是因爲「一連串相關的文化改變，包括對暴力日益無法容忍，對菁英榮譽新的理解，以及採納『彬彬有禮』和多愁善感的標準來規範男性的行爲。」—Robert B. Shoemaker, The Taming of the Duel: Masculinity, Honour and Ritual Violence in London, 1660-1800," *The Historical Journal,* vol. 45, no. 3. (September, 2002): 525-45。他把這種行爲最後的終結歸因於「司法態度的改變，誹謗法的改變，和軍法條例的修訂，以及拒絕支付撫恤金給因決鬥而死的軍官之政策。」（第五四五頁）。這種說法中的一個成分可以新紳士理想之出現再加說明，如紐曼的看法所代表的，以禮貌爲榮譽。新的「彬彬有禮」標準爲社會階級提供了新的分數，因此肉體勇氣的理想，也就是前現代尼采式的崇高典型，就因爲販夫走卒都樂於參與，因而式微。貴族和他們的新階級盟友得去找其他的做法，而紐曼的觀念則符合需求，而並不是較老的理想無故消失。

2 解放中國小腳

我非常感謝 Hsueh-Yi Lin 在修改本章上所做的研究協助。她以中文原文對照我所找到的譯文，並提供我清朝這段時期許多有用的資料。當然，我所提出的所有論點，都是我自己該負的責任。我對這個問題的瞭解主要是仰賴兩大資料來源：Howard S. Levy, *Chinese Footbinding: The History of a Curious Erotic Custom* (New York: Walton Rawls, 1966)；以及 Virginia Chiu-tin Chau, *The Anti-footbinding Movement in China* (1850-1912), MA Thesis, Columbia University, 1966。

我對慈禧太后的描述來自 Sterling Seagrove 的 *Dragon Lady* (New York: Vintage, 1992)，以及 Jonathan Spence（史景遷）的 *The Search for Modern China* (New York: W. W. Norton, 1991)，還有 John King Fairbank（費正清）的 *The Great Chinese Revolution: 1800-1985* (New York: Harper Perennial, 1987)。慈禧在垂簾聽政這段時期有兩種截然不同的面貌，Seagrove 認爲她是受男性主宰的被動女性角色，缺乏教育、優柔寡斷，偶爾會在一、兩個關鍵人物的左右之下，毅然採取行動。他以頗有說服力的手法，說明她兇殘而一意孤行，眷戀權力的暴君形象，其實是二十世紀初各有所圖的中外作者之扭曲（而且往往純屬虛構）。在這樣的觀點，和認爲她獨攬大權的傳統看法之間，我無從置喙，但在 Seagrove 的引導下，我避免了把因她周遭許多人死亡而改變權力平衡的原因歸咎在她身上，但就連採用 Seagrove 的說法，依舊有些時刻——尤其是咸豐和同治皇帝駕崩和百日維新結束之時的危機，她是決定最後結果的關鍵人物。

Seagrove 認爲慈禧聲譽大壞是因康有爲之故，在百日維新之後他出國流亡，對慈禧嚴詞批評，或許也因此，Seagrove 也大力爲慈禧洗刷康有爲在這些事件上對她的指控。我所讀的其他資料對康有爲比較寬容，比如 Luke S. Kwong 的 "Chinese Politics at the Crossroads: Reflections on the Hundred Days Reform of 1898," *Modern Asian Studies,* vol. 34, no. 3 (July 2000): 663-95；和 Wang Juntao, "Confucian Democrats in Chinese History,"收於 Daniel A. Bell and Hahm Chaibong, eds., *Confucianism for the Modern World* (Cambridge: Cambridge University Press, 2003): 69-89。

因此百日維新這段時期的歷史，尤其是康有爲的角色，尚有爭議——見 Young-Tsu Wong（汪榮祖），"Revisionism Reconsidered: Kang Youwei and the Reform Movement of 1898," *Journal of Asian Studies,* vol. 51, no. 3. (August, 1992): 513-44。汪榮祖批評黃彰健在《戊戌變法史研究》對康有爲提出的翻案看法，見 *Huang Zhangjian Wuxu bianfa shi yanjiu (Studies in the History of 1898 Reform)* (Nangang: Zhongyang yanjiu yuan lishi yuyan yanjiu suo, 1970); Kang Youwei wuxu zhen zouyi *(The Authentic 1898 Memorials of Kang You-wei)* (Taibei: Zhongyang yanjiu yuan, 1974)；「再談戊戌政變」（"Discuss the 1898 Coup Again"）in《大陸雜誌》*Dalu zazhi,* vol. 77, no. 5 (1988): 193-99；及 "Zhuozhu wuxu bianfa shi yanjiu de zai jiantao" ("Re-examination of My Study on the History of 1898 Reforms") in *Zhongyang yanjiu yuan dierjie guoji hanxue huiyi lunwenji (Proceedings of the Second*

International Sinological Conference Hosted by the Academia Sinica) (Taibei: Zhongyang yanjiu yuan, 1989): 729-68。黃彰健的一些論點已經譯爲英文，見諸 Luke Kwong, *A Mosaic of the Hundred Days: Personalities, Politics, and Ideas of 1898* (Cambridge, MA: Council on East Asian Studies, Harvard University, 1984)。這段時期的歷史大綱我要感謝 Jonathan Spence 的 *Search for Modern China,* 224-30。

鄉試中試，也就是二級學位者爲舉人（康有爲在一八九五年上萬言書時還是舉人分），也叫「公車」，因爲他們赴京趕考的交通費是由政府提供，因此康有爲的上書就被稱爲「公車上書」，至少有六〇三名舉人聯名請願，不過康有爲宣稱(恐怕是常有的誇張)有一千兩百人簽名。（費正清引述康有爲友人的話說：「他不肯改變自己的觀點適應事實，相反地，還經常改造事實，來支持自己的觀點。」Fairbank, *The Great Chinese Revolution*, 131）。康有爲對《公車上書》及其規模的記錄，請見康有爲，康南海自編年譜，收於沈雲龍主編，近代中國史料叢刊，(Taibei: Wenhai chubanshe,1966), Vol. 11: 30。亦請見其談此事件之詩，收於湯志鈞編，康有爲政論集）(Beijing: Zhonghua, 1981), Vol. 1: 138。(Hsueh-Yi Lin, personal communication, Feb. 17, 2009)。

康有為在一八九五年通過進士考後，賜工部主事，但他似乎並未就職，在一至八五一九八年間，主要是在教書出書和辦報，地點是在上海和廣州——見康有為，康南海自編年譜，32, 37-42。

Hsueh-Yi Lin（私人書信，二〇〇九年二月十七日）向我指出，關於纏足使婦女忠貞的說法，「Jonathan Spence（史景遷）在《婦人王氏之死》（*The Death of Woman Wang*）多所著墨，書中王氏要與情郎私奔，但因纏足而無法奔跑。」她同時也告訴我，她稱為「十七世紀中國文學理論和鑑賞的知名文集」李漁的閒情偶寄中，所談到婦女纏足的章節可能是帝制中國後期最坦白的討論。見李漁《閒情偶寄》（Taipei: Chang'an, 1990: 119-21）。」

特別引人入勝的，是有些滿洲婦女似乎也纏足，因為滿族統治的重點之一是滿漢分著不同服飾以為區別，見 Jill Condra, ed., *The Greenwood Encyclopedia of Clothing Through World History.* Vol. 2: 1501-1800 (Westport, CT: Greenwood Press, 2007): 122。

二十世紀中葉有多少人相信中國人放棄纏足是因為要保護國家的榮譽，這是個度量的問題，因此在二次大戰結束前，在上海研究了四十年的日本社會學者永尾龍造（Nagao Ryuzo）在一九六一年對 Levy 堅持說：「中國人放棄了纏足，並不是因為外國人的訕笑，而是因爲西方文明入侵造成改變的心態」（Levy, *Chinese Footbinding,* 282）。他顯然認爲有必要堅持這種看法，但如我所論證的，這種說法和其他的看法未必互相排斥。

3　廢除大西洋奴隸制度

我對英國廢奴運動的瞭解，主要是仰賴 Christopher Leslie Brown 精彩的 *Moral Capital: Foundations of British Abolitionism* (Chapel Hill: University of North Carolina Press, 2006)，這是一本必要的指南。我還想要提一個雖然和我在本文中論點並不相關，但依舊激勵威伯福斯及其友人的動機。如 Brown 所指出的，廢奴運動讓福音派「有機會爭取原本對反罪惡運動心存懷疑的人，反奴隸制度的觀點在一七八〇年代已經流行起來，和有禮貌、識別力、愛國主義，和對英國自由的承諾息息相關。福音派藉著領導廢奴運動，可以讓他們所從事範圍更廣泛的道德改革聖戰有更正面的連結，帶來造福人群而非壓抑人性的想法。」（387）。當然，福音派並沒有在反奴隸制度和愛國主義，或者英國的驕傲和英國的自由運動之間建立關聯，這樣的關聯是藉著對美國獨立的滔滔論辯而塑造。

威靈頓公爵在一八三三年遭《泰晤士報》嘲諷，上議員「高尚公爵的朋友」記錄了他們的觀點（在抗議解放法案那一段）說，「不論什麼時代和什麼國家的經驗已經證明，能自由選擇勞動與否的人，不會受雇在熱帶地區的低地做農工」——Seymour Drescher 引述，見 *The Mighty Experiment: Free Labor versus Slavery in British Emancipation* (New York: Oxford University Press, 2002): 141。這是自由勞工意識型態對證據的勝利。

自 E. P. Thompson 發表 *Making of the English Working Class* (New York: Vintage, 1965) 之後，有許多論爭，究竟他的主張：到十九世紀第四個十年之時，已經有工人階級，是對是錯？Craig Calhoun 在一九八〇年代初期認爲，十九世紀初的運動反映出激進的手藝工人主宰了新的產業勞工，而且是地方性而非全國性。兩者都和單一自覺英國勞工階級的想法不合。基本上，我們對手藝工人的激進主義是出自回顧的看法，而產業勞工則樂於改革；而且按照他的說法，這些決定很有道理：「傳統工人的社群必須推翻新的社會關係，不然他們自己就無法繼續存在，而『新勞工階級可以獲得無限範圍的改革，而不必在基本上改變其共同的存在』」——Calhoun, *The Question of Class Struggle: Social Foundations of Popular Radicalism During the Industrial Revolution* (Chicago: University of Chicago Press, 1982): 140，引用於 Gregory Claeys, "The Triumph of Class-Conscious Reformism in British Radicalism, 1790-1860," *The*

Historical Journal, vol. 26, no. 4. (December, 1983): 971-72。

在 Calhoun 之後不久，Dorothy Thompson 和 Gareth Steadman Jones 都爭相提出了憲章運動的面貌— Gareth Steadman Jones, "Rethinking Chartism," 在 *Languages of Class: Studies in Working Class History, 1832–1982* (Cambridge: Cambridge University Press, 1984): 90-178; Dorothy Thompson, *The Chartists: Popular Politics in the Industrial Revolution* (New York: Pantheon, 1984)。不過雖然有這些史地上的爭議，一旦塵埃落定，Miles Taylor 卻提出，在 Thompson 和 Steadman Jones 之間有共同的故事：「憲章運動主要是貧窮勞動者的運動，而且集中在製造地區，但透過其媒體和其領袖網路，卻有了真正國家的特色。」— Taylor, "Rethinking the Chartists: Searching for Synthesis in the Historiography of Chartism," *The Historical Journal*, vol. 39, no. 2 (June 1996): 490。

我提到在廢奴運動當時，在英國有許多十分明顯的種族歧視現象，這種說法在今天已經不會有爭議：光是讀卡萊爾（Carlyle）的文章就足已說服。不過應該一提的是，對種族歧視頗有心得的 Frederick Douglass，一八四〇年代在英國待了一年半，卻否認自己受到輕視的對待。一八四七年三月，他在 London Tavern 向大批聽眾演說「向英國人民告別」。「我在這個國家各地穿梭，」他說：「在英格蘭、蘇格蘭、愛爾蘭，和威爾斯。我走過公路、小徑、鐵路，也坐過汽船……在這些不同的運輸過程中，或者在任何社會階層裡，我從未見過有人輕蔑的撇嘴，或者流露出我可以解釋爲因我的膚色而輕視我的言語；一個也沒有。」（參見 the Gilder Lehrman Center for the Study of Slavery, Resistance and Abolition at Yale; http://www.yale.edu/glc/archive/1086.htm）。

如我們所見，道格拉斯所用的策略是介入英美榮譽之戰，因此他需要強調英國和他祖國之間的對照，運用外人的意見，對他的同胞灌輸美國奴隸制度的國家恥辱感。因此如果提醒大家英國的種族歧視，不適合他的論點。不過不論如何，他有許多演講都吸引了熱忱的工人階級支持者。普遍而惡意的反黑人種族歧視通常是追溯到廢奴運動之後，見 Douglas A. Lorimer, *Colour, Class, and the Victorians: English Attitudes to the Negro in the Mid-Nineteenth Century* (New York: Holmes & Meier, 1978)。

John Seeley 爵士寫到英國在大西洋奴隸交易中扮演主控角色：「這只是意味著我們在這方面的原則並沒有比其他國家高明。我們現在終於在舉世交易國中達到最高地位，並且因爲我們在軍事上的成功，而向西班牙勒索了販奴許可，使得我們意外地在這邪惡的交易中，占了最大的股份。」—Seeley, *The Expansion of England* (Boston: Roberts Brothers, 1883):

136。他在該作緒論中，語出驚人地說：「我們似乎漫不經心地就已經征服且居住了一半的世界。」(8)。因此由他的觀點，販奴，就像大英帝國一樣，是漫不經心就獲得的。這些段落和 Lecky 的說法都顯示了，讓他們的國家盡量遠離販奴之邪惡，對十九世紀後期的英國人是多麼關鍵的課題。見 William Edward Hartpole Lecky, *History of European Morals from Augustus to Charlemagne,* Vol. 1, 3rd edn. rev. (New York: D. Appleton, 1921)。

尊嚴是尊重的權利，這是標準的說法，我提出保留「尊嚴」做爲認可的尊重，只是一種專有名詞上的說法，我認爲在我們的語言中，認可的權利和評價的尊重並非正好如此界定，但如我所主張的，如果我們要找到佩服的天地，並且在民主社會中得到這樣的權利，就的確需要追蹤這樣的差異。如果要如我這般，抗拒 Peter Berger 聞名的說法：「尊嚴」已經取代了「榮譽」，後者只是限於貴族的一種觀念，那麼我們就特別需要區分其間的差別。見 Peter Berger, "The Obsolescence of Honor," *European Journal of Sociology,* XI (1970): 339-47。

雖然這裡談的課題有部分是專有名詞的問題，但並不表示它不是實質問題。我認爲競爭與非競爭都有尊重的權利，也就是佩服與尊嚴可以並行不悖。我們都同意，隨社會階級而來的尊重權利是錯的，而且在歷史上也已經被取而代之。雖然值得堅持的是，通常我們雖然不會公開承認我們自己變得更好，或者有人比我們更好，但這當然只是禮貌的假設。的確，唯有勢利者會以社會階級爲基礎表現得屈尊降貴，但其實我們在乎的標準有許多，可以藉以評斷人成功與否；我們相信符合這些標準的成敗是我們該在乎的事；而敬佩表現最好的人是對其成就不可避免——而且合適的反應。

David Brion Davis 最近在他的大作 *Inhuman Bondage* 提出，廢奴運動反映出有技巧的工人和他們的雇主「推崇迄今一直都受輕視的受薪勞工」—Davis, *Inhuman Bondage: The Rise and Fall of Slavery in the New World* (New York: Oxford University Press, 2006): 248。經濟的現代化使社會必須要轉變，由較低階層是強迫生產者的社會，轉變爲他們是自由消費者的社會。糖、咖啡、棉花、菸草，種植園奴隸的產品是第一批 現代消費者商品。Davis 的說法爲歷史學者 David Eltis 類似的說法作了註解，他說 Eltis「遺憾未能詳細闡釋。」（同上，247），但我倒希望他自己能多做一點闡釋。我認爲他指出不只是工人，而且他們的雇主也有理由該關切其勞工的尊嚴，這是非常重要的見解。

在英國介入美國內戰的背景下，工人階級投票的重要性不如工人階級的態度來得重要。John Stuart Mill 寫道：「激進政治家的座右銘應該是：藉中產的手段，以工人階級爲目的。」— *The Collected Works of John Stuart Mill. Vol. 6: Essays on England, Ireland, and the Empire,* ed. John M. Robson (Toronto: University of Toronto Press; London: Routledge & Kegan Paul, 1982). Chapter: Reorganization of the Reform Party, 1839, http://oll.libertyfund.org/title/245/21425/736500。那正是一八六〇年代初期所達成的結果。一直到一八六七年第二次改革法案，工人才廣泛地獲得投票權；而一直要到一八四七年，才有兩名所謂的自由黨—工黨的黨員（Lib-Lab members，十九世紀末支持工會運動的英國自由黨黨員）Alexander Macdonald 和 Thomas Burt 兩名原本作過礦工的人，以工人身分進入國會。

4 針對女性的戰爭

根據 *CIA World Factbook*，四十二%的阿富汗人口，也就是約一千四百一十萬人，以及十五．四二%的巴基斯坦人口，也就是約二千七百二十萬人，是普什圖人。在這兩個國家的普什圖族也都以普什圖語的方言爲語言。兩國的普什圖人口因此共逾四千一百萬人—阿富汗：https://www.cia.gov/library/publications/the-world-factbook/geos/countrytemplate_

af.html；巴基斯坦：https://www.cia.gov/library/publications/the-world-factbook/geos/pk.html.

在印度，普什圖族裔常被稱爲帕坦（Pathans），有人說印度的帕坦人是阿富汗普什圖人的一倍，比如見 Shams Ur Rehman Alavi, "Indian Pathans to Broker Peace in Afghanistan," *Hindustan Times,* Dec. 11, 2008; http://www.hindustantimes.com/StoryPage/StoryPage.aspx?sectionName=NLetter&id=3165e517-1e21-47a8-a46a-fc3ef957b4b1。不過這些人大半都不再用普什圖語，而且在二〇〇一年印度人口普查中，只有一千一百萬印度人稱普什圖語爲母語：http://www.censusindia.gov.in/Census_Data_2001/Census_Data_Online/Language/Statement1.htm。因此全世界至少有五千二百萬人使用普什圖語，而且有逾七千萬人稱自己有普什圖血統。（在中東、歐洲和北美，至少還有數十萬普什圖人。）

要瞭解普什圖語中有關榮譽一詞的語意，請參考下面由古老普什圖語—英語字典中所列的範例條目：「ghairat, s.m... ⑴謙遜、羞怯、勇氣、榮譽。⑵嫉妒、敵意、競爭、榮譽感。」「nang, s.m... ⑴榮譽、名聲、好名聲、敬佩。⑵恥辱、聲名狼藉。」另外，複合字「nām-o-nang，榮譽、名聲；恥辱、羞慚。」nām 意即「名聲」，來自阿拉伯文：「āb-rū, s.m... 榮譽、名聲、性格、知名、好名譽。」—Henry George Raverty, *A Dictionary of the*

Puk'hto, Pus'hto, or Language of the Afghans: With remarks on the originality of the language, and its affinity to other oriental tongues. 2nd edn.，增加大量字彙 (London: Williams & Norgate, 1867): 745, 989, 967, 4; http://dsal.uchicago.edu/dictionaries/raverty。

巴基斯坦全國婦女地位全國委員會（National Commission on the Status of Women, NCSW）的 *Report on the Qisas and Diyat Ordinance* 顯示了法律上各種改變的互動，怎麼會沒有造福婦女。這部分是由於法官在解釋法律時所下決定之結果。因此即使被害者的繼承人同意接受 diyat（賠償），法令依舊容許法官在斟酌之後判刑，只是這樣的情況從未發生在榮譽殺人的案子上。這份報告予人的整體印象是，法律系統中的一些人和拒絕支持譴責莎米亞・薩瓦遇害案的許多參議員具持同樣的看法（NCSW的 Report on the Qisas and Diyat Ordinance, 1990，可參考下列網址的聯合國祕書長暴力侵害婦女資料庫 http://webapps01.un.org/vawdatabase/searchDetail.action?measureId=18083&baseHREF=country&baseHREFId=997）。

5 教訓和傳承

關於敬佩的社會作用，最好的一本書是 Geoffrey Brennan 和 Philip Pettit, *The Economy of*

Esteem (New York: Oxford University Press, 2005)，我認爲幫助很大。他們的書談的是敬佩，而非敬佩的權利，其目標是探究制度的架構，以瞭解其分布，因此他們的重點和我的不同，實際上可以說是互補。

關於道德的文化制度受基本心理過程「吸收」的近作，請見 Jonathan Haidt 和 Craig Joseph, "Intuitive Ethics: How innately prepared intuitions generate culturally variable virtues," *Daedalus* (Fall 2004): 55-66 ；以及 Jonathan Haidt 和 Fredrik Bjorklund, "Social Intuitionists Answer Six Questions About Moral Psychology," in Walter Sinnott-Armstrong, ed., *Moral Psychology,* Vol. 2: *The Cognitive Science of Morality: Intuition and Diversity* (Cambridge, MA: MIT Press, 2008): 181-218。在他們爲辨識跨文化規則性所調查的作品中，Donald Brown, *Human Universals* (Philadelphia: Temple University Press, 1991); Franz de Waal, *Good Natured: The Origins of Right and Wrong in Humans and Other Animals* (Cambridge, MA: Harvard University Press, 1996); S. H. Schwartz and W. Bilsky, "Toward a Theory of the Universal Content and Structure of Values: Extensions and cross-cultural replications," Journal of Personality and Social Psychology, 58 (1990): 878-91 ；以及影響深遠的「三種道德」（three ethics）主張，詳見 Richard Shweder et al., "The 'Big Three' of Morality (Autonomy, Community, and Divinity), and the

'Big Three' Explanations of Suffering," in A. Brandt and Paul Rozin (eds.), *Morality and Health* (New York: Routledge, 1997): 119-69。

本書中所述慕哈妲蘭．畢畢的經歷，主要是引用她自己的自傳，採用的是大家所熟知她目前使用的名字「慕哈妲．梅伊」（Mukhtar Mai），書名爲 *In the Name of Honor: A Memoir* (New York: Atria Books, 2006)。本書是本人口述的回憶錄，原爲法文，由 Marie-Therese Cuny 撰寫，由兩位譯者協助由米瓦拉所用的語言 Saraiki 翻譯。Nicholas Kristof 和 Sheryl WuDunn 在 *Half the Sky: Turning Oppression into Opportunity for Women Worldwide* (New York: Random House, 2009) 中，對慕哈妲．梅伊的故事有精彩的敘述。二〇〇二年六月二十二日的記錄，在報紙和網路上都有許多記述，雖然細節不一，但基本的事實並無太大的爭議。

註釋

前言：榮譽的進化

①René Descartes, "Comments on a Certain Broadsheet" (1648), in *The Philosophical Writings of Descartes.* Vol. 1, trans. John Cottingham, Robert Stoothoff, and Dugald Murdoch (Cambridge: Cambridge University Press, 1987): 307.

1 決鬥的衰亡

①Christopher Hibbert, *Wellington: A Personal History* (Reading, MA: Perseus/HarperCollins, 1999): 275.

②Wellington, *Despatches, Correspondence, and Memoranda,* V: 542.

③Joseph Hendershot Park, ed., *British Prime Ministers of the Nineteenth Century: Policies and Speeches* (Manchester, NH: Ayer Publishing, 1970): 62.

④Wellington, *Despatches,* V: 527.

⑤Greville, *Memoirs,* 250.

⑥本註取自倫敦國王學院，請見 http://www.kcl.ac.uk/depsta/iss/archives/wellington/duel08a.htm.

⑦Sir William Blackstone, *Commentaries on the Laws of England* (Oxford: Clarendon Press, 1765-69), Bk IV, chapter 14, "Of Homicide"; http://avalon.law.yale.edu/18th_century/blackstone_bk4ch14.asp.

⑧Sir Algernon West, *Recollections: 1832-1886* (New York & London: Harper & Bros., 1900): 27.

⑨Sir Thomas Malory, *Le Morte Darthur the original edition of William Caxton now reprinted and edited with an introduction and glossary by H. Oskar Sommer; with an essay on Malory's prose style by Andrew Lang* (Ann Arbor: University of Michigan Humanities Text Initiative, 1997): 291; http://name.umdl.umich.edu/MaloryWks2.

⑩Stewart, *Honor,* 44-47.

⑪Hugh Lloyd-Jones, "Honor and Shame in Ancient Greek Culture," in *Greek Comedy, Hellenistic Literature, Greek Religions, and Miscellanea: The Academic Papers of Sir Hugh Lloyd-Jones* (Oxford: Clarendon Press, 1990): 279.

⑫John Iliffe, *Honor in African History* (Cambridge: Cambridge University Press, 2004): 83-91.

⑬Homer, *The Iliad*, trans. Robert Fagles (New York: Viking Penguin, 1990): 523.

⑭Kiernan, *The Duel in European History,* 216.

⑮*Ibid.,* 102.

⑯*Ibid.,* 190.

⑰Hamilton, *The Duelling Handbook,* 138 (Robert Baldick, *The Duel: A History of Duelling* [London: Hamlyn,1970]:

33-34 的引用略有不同）。Cited in Douglass H. Yarn, "The Attorney as Duelist's Friend: Lessons from The Code Duello," 51, *Case W. Res. L. Rev.,* 69 (2000): 75-76, n. 71.

⑱Wellington, *Despatches,* V: 539.

⑲Tresham Lever, *The Letters of Lady Palmerston: Selected and Edited from the Originals at Broadlands and Elsewhere* (London: John Murray, 1957): 118.

⑳Frances Shelley, *The Diary of Frances Lady Shelley,* ed. R. Edgecumbe (London: John Murray, 1913): 74.

㉑Hamilton, *The Duelling Handbook,* 140.

㉒ Wellington, *Despatches,* V: 539.

㉓*Ibid.,* V: 544.

㉔Lord Broughton (John Cam Hobhouse), *Recollections of a Long Life with Additional Extracts from His Private Diaries,* ed. Lady Dorchester. Vol. 3: *1822-1829* (New York: Charles Scribner's Sons, 1910): 312-13.

㉕V. Cathrein, "Duel," in *The Catholic Encyclopedia,* Vol. 5 (New York: Robert Appleton Company, 1909); http://www.newadvent.org/cathen/05184b.htm.

㉖Council of Trent, 25th Session, Dec. 3 and 4, 1563, "On Reformation,"chapter 19. See http://www.intratext.com/IXT/ENG0432/_P2J.HTM.

㉗Francis Bacon, *The Letters and the Life of Francis Bacon, Vol. 4,* ed. James Spedding (London: Longmans, Green, Reader & Dyer, 1868): 400.

㉘Edward Herbert, *The Autobiography of Edward, Lord Herbert of Cherbury,* ed. Will H. Dircks (London: Walter Scott,

1888): 22.

㉙Amelot de Houssaye, cited in Charles Mackay, *Memoirs of Extraordinary Popular Delusions and the Madness of Crowds* (Ware, Herts: Wordsworth Editions, 1995): 668.

㉚Bacon, *Letters and Life,* 400. 這些「小冊子」，就是決鬥法則。

㉛這是 John Chamberlain 在一六一三年信函中所述的情況，他在信中列出了上述的爭論。Spedding (ed.) 在 Bacon, *op. cit.,* 396. 引用這段話。

㉜Bacon, *op. cit.,* 409, 399.

㉝William Hazlitt, *The Complete Works of William Hazlitt,* ed. P. P. Howe (London & Toronto: J. M. Dent & Sons, 1934), Vol. 19: 368.

㉞Jeremy Bentham, *An Introduction to the Principles of Morals and Legislation* (1823) (Oxford: Clarendon Press, 1907), chapter 13, para. 2; http://www.econlib.org/library/Bentham/bnthPML13.html#Chapter%20XIII,%20Cases%20Unmeet%20for%20Punishment.

㉟William Robertson, *The History of the Reign of the Emperor Charles V* (New York: Harper & Bros., 1836): 225.

㊱David Hume, *Essays, Moral, Political, and Literary.* Library of Economics and Liberty, at http://www.econlib.org/library/LFBooks/Hume/hmMPL50.html.

㊲Francis Hutcheson, *Philosophiae moralis institutio compendiaria with A Short Introduction to Moral Philosophy,* ed. Luigi Turco (Indianapolis: Liberty Fund, 2007). Chapter XV: Of Rights Arising from Damage Done, and the Rights of War, http://oll.libertyfund.org/title/2059.

㊳Hamilton, *The Duelling Handbook,* 125.

㊴Adam Smith, *Lectures on Jurisprudence,* ed. R. L. Meek, D. D. Raphael, and P. G. Stein. Vol. 5 of the Glasgow Edition of the *Works and Correspondence of Adam Smith* (Indianapolis: Liberty Fund, 1982). Chapter: Friday, January 21st, 1763; http://oll.libertyfund.org/title/196.

㊵William Godwin, *An Enquiry Concerning Political Justice, and its Influence on General Virtue and Happiness,* Vol. 1 (London: G. G. J. & J. Robinson, 1793). Chapter: Appendix, No. II: Of Duelling; http://oll.libertyfund. org/title/90/40264.

㊶Boswell, *The Life of Samuel Johnson, LL.D. Together with the Journal of a Tour to the Hebrides,* ed. Napier, V: 195.

㊷Voltaire, *Dictionnaire Philosophique, Oeuvres Complètes de Voltaire* (Paris: De l'Imprimerie de la Société Litteraire-Typographique, 1784), Vol. 36: 400.

㊸David Hume, *The History of England from the Invasion of Julius Caesar to the Revolution in 1688* (1778), 6 vols. (Indianapolis: Liberty Fund, 1983), Vol. 3: 169.

㊹Boswell, *op. cit.,* 2: 343.

㊺請見倫敦國王學院資料：http://www.kcl.ac.uk/depsta/iss/archives/wellington/duel12.htm.

㊻這幅漫畫及另一幅關於此事件由 William Heath 所繪更出名的漫畫，可見於倫敦國王學院網頁 http://www.kcl.ac.uk/depsta/iss/archives/wellington/duel16.htm.

㊼我非常感謝 Philip Pettit 提出此種觀點。

㊽Greville, *Memoirs, 196.*

㊾*Ibid.*, 198.

㊿*Ibid.*, 199.

51 Hibbert, *Wellington: A Personal History, 275.* 《文學報》(*Literary Gazette*) 是引用 Hamilton (*op. cit.*, xiv).

52 http://www.kcl.ac.uk/depsta/iss/archives/wellington/duel12.htm.

53 Duke of Wellington, *Despatches,* V: 585.

54 Bacon, *op. cit.,* 400.

55 Richard Cobden, *Speeches on Questions of Public Policy by Richard Cobden M.P.,* ed. John Bright and James E. Thorold Rogers (London: Macmillan & Co., 1878): 565.

56 Mill, *Collected Works of John Stuart Mill.* Vol. 18: *Essays on Politics and Society Part I,* ed. John M. Robson (Toronto: University of Toronto Press; London: Routledge & Kegan Paul, 1977). Chapter: De Tocqueville on Democracy in America [II], 1840, http://oll.libertyfund.org/title/233/16544/799649.

57 Lord Broughton, *op. cit.,* 312.

58 John Henry Cardinal Newman, *The Idea of a University* (London: Longmans, Green & Co., 1919): 208.

59 James Kelly, *That Damn'd Thing Called Honour: Duelling in Ireland 1570-1860* (Cork: Cork University Press, 1995): 267.

60 James Landale, *The Last Duel: A True Story of Death and Honour* (Edinburgh: Canongate, 2005).

61 Kiernan, *The Duel in European History,* 218，說「人稱這是英國最後一場決鬥」。不過他說此事發生在一八四九年，降低了其可信度。

㊷Sir Algernon West, *Recollections,* 28，引用 Horace, *Satires,* Bk 2, 1 第八六行是“Solventur risu tabulae, tu missus abibis,”（我已經改正了亞傑農爵士〔Sir Algernon〕的“solvuntur”，雖然大家經常這樣誤用）——“The charges will be dismissed with laughter; released, you will leave.” 霍瑞斯指出，法官判決誹謗——tabulae 的罪行時，如果遭抱怨的詩文夠滑稽，就會被一笑置之。

㊸Sir William Gregory, *An Autobiography,* ed. Lady Gregory (London: John Murray, 1894): 149-51.

㊹Evelyn Waugh, *The Sword of Honour Trilogy* (New York: Knopf, 1994): 449.

2 解放中國小腳

①引文請見 Howard S. Levy, *Chinese Footbinding: The History of a Curious Erotic Custom* (New York: Walton Rawls, 1966): 72.

②Robert Hart, *The I.G. in Peking: Letters of Robert Hart, Chinese Maritime Customs (1868-1907),* ed. John King Fairbank, Katherine Frost Brunner, and Elizabeth MacLeod Matheson (Cambridge, MA: Harvard University Press, 1976) Vol. 2: 1311.

③Keith Laidler, *The Last Empress: The She-Dragon of China* (Chichester: John Wiley & Sons, 2003): 32.

④Timothy Richard, *Forty-five Years in China* (New York: Frederick A. Stokes Company, 1916): 253, et seq.

⑤John King Fairbank and Merle Goldman, *China: A New History* (Cambridge, MA: Harvard University Press, 2006): 229.

⑥Richard, *op. cit.,* 262.

⑦翁同龢：同治（一八六一—七五當政）和光緒兩代皇帝的帝師。康有爲與翁同龢的友誼始於一八

九五年，見康有爲《康南海自編年譜》，三三—三七頁（Hsueh-Yi Lin，私人書信，二〇〇九年二月十七日）。

⑧Yong Z. Volz, "Going Public Through Writing: Women Journalists and Gendered Journalistic Space in China, 1890s-1920s," *Media Culture Society,* vol., 29, no. 3 (2007): 469-89.

⑨Levy, *op. cit.,* 72.

⑩*Ibid.* 我已經以 Hsueh-Yi Lin 的翻譯爲本，修正並衍生 Levy 的翻譯。康有爲〈請禁婦女裹足摺〉，收於湯志鈞編《康有爲政論集》（北京：中華書局，一九八一，三三五頁）。她也告訴我，此段最後一句是「備忘錄中常用的修辭手法」（私人信函，二〇〇九年二月十七日）。

⑪Brennan and Pettit, *The Economy of Esteem,* 19.

⑫Levy, *op. cit.,* 39.

⑬*Ibid.*

⑭Mrs. Archibald Little, *The Land of the Blue Gown* (London: T. Fisher & Unwin, 1902): 363.

⑮Gerry Mackie, "Ending Footbinding and Infibulation: A Convention Account," *American Sociological Review,* vol. 61, no. 6 (December, 1996): 1008.

⑯Lanling Xiaoxiao Sheng, *The Golden Lotus,* trans. Clement Egerton Vol 1: 101（我的版本出版資料是中文）。Levy (*op. cit.,*51) 對 Egerton 翻譯的可信度抱持懷疑態度。

⑰Levy, *op. cit.,* 55.

⑱*Ibid.,* 60.

⑲Chau, MA Thesis, 13-16.

⑳Levy, *op. cit.,* 283-84.

㉑*Ibid.,* 107.

㉒*Ibid.,* 65, 248, 118.

㉓Endymion Wilkinson, *Chinese History: A Manual,* rev. edn. (Cambridge, MA: Harvard University Press, 2000): 273-77. 乾隆皇帝在位滿六十年後，於一七九五年讓位給嘉慶，顯然是不敢打破康熙帝統治六十一年的紀錄，不過他繼續攝政至一七九九年駕崩爲止。

㉔Patricia Buckley Ebrey, *Cambridge Illustrated History of China* (Cambridge: Cambridge University Press, 1996): 199.

㉕Kwang-Ching Liu, Foreword, in *ibid.,* 6.

㉖*Ibid.,* 229.

㉗Harley Farnsworth MacNair, *Modern Chinese History: Selected Readings* (Shanghai: Commercial Press Ltd., 1923): 2, 4.

㉘Arthur Waley, *The Opium War Through Chinese Eyes* (Stanford: Stanford University Press, 1958): 103.

㉙Fairbank and Goldman, *op. cit.,* 222.

㉚Arthur P. Wolf and Chuang Ying-Chang, "Fertility and Women's Labour: Two Negative (But Instructive) Findings," *Population Studies,* vol. 48, no. 3 (November 1994): 427-33.

㉛Hsueh-Yi Lin，私人書信，二〇〇九年六月十日。

㉜Fairbank and Goldman, *op. cit.,* 218.

㉝Chau, *op. cit.,* 19, 20.

㉞*Ibid.,* 22.

㉟*Ibid.,* 23. Li Ju-Chen (Li Ruzhen), *Flowers in the Mirror,* trans. and ed. Lin Tai-Yi (Berkeley and Los Angeles: University of California Press, 1965): 113.

㊱Mrs. Archibald Little, *Intimate China,* cited in Chau, *op. cit.,* 41.

㊲Dorothy Ko, *Cinderella's Sisters: A Revisionist History of Footbinding* (Berkeley: University of California Press, 2005): 15.

㊳Chau, *op. cit.,* 45, 57.

㊴Ko, *op. cit.,* 16.

㊵Fan Hong, *Footbinding, Feminism and Freedom: The Liberation of Women's Bodies in Modern China* (London: Cass, 1997).

㊶Patrick Hanan, "The Missionary Novels of Nineteenth-Century China," *Harvard Journal of Asiatic Studies,* vol. 60, no. 2 (December 2000): 440. Chau, *op. cit.,* 28.

㊷Richard, *Forty-five Years in China,* 158.

㊸*Ecumenical Mission Conference New York, 1900* (New York: American Tract Society; London: Religious Tract Society, 1900), Vol. 1: 552.

㊹Fairbank and Goldman, *op. cit.,* 222.

㊺Chau, *op. cit.*, 51.

㊻Levy, *op. cit.,* 74.

㊼Angela Zito, "Secularizing the Pain of Footbinding in China: Missionary and Medical Stagings of the Universal Body," *Journal of the American Academy of Religion*, vol. 75, no. 1 (March 2007): 4-5.

㊽See "Mrs. Archibald Little, About the Author"; http://www.readaroundasia.co.uk/miclittle.html.

㊾Fan Hong, *op. cit.,* 57.

㊿Little, *The Land of the Blue Gown,* 306-09.

(51)Richard, *Forty-five Years in China,* 227-28.

(52)Yen-P'ing Hao and Erh-Min Wang, "Changing Chinese Views of Western Relations, 1840–95," in *Cambridge History of Modern China. Vol. 2: The Late Ch'ing 1800–1911,* Part II, ed. Denis Crispin Twitchett and John King Fairbank (Cambridge: Cambridge University Press, 1978): 201.

(53)Richard, *Forty-five Years in China,* 265-67.

(54)Fairbank and Goldman, *op. cit.,* 231.

(55)見 Seagrove 的 *Dragon Lady* 中關於此時期之討論，以及 Hens van de Ven, "Robert Hart and Gustav Detring During the Boxer Rebellion," *Modern Asian Studies,* vol. 40, no. 3 (2006): 631-62。

(56)Chau, *op. cit.,* 121，此處引用的是 *North Chinese Herald* 之當代翻譯。

(57)Levy, *op. cit.,* 278-79.

(58)Fan Hong, *op. cit.,* chapters 3 and 4.

(59)Chau, *op. cit.*, 104.

⑥⓪Cited in *ibid.,* 98.

⑥①Levy, *op. cit.,* 128, 181, 94.

⑥②J. M. Coetzee, "On National Shame," *Diary of a Bad Year* (New York: Viking, 2007): 39, 45. 引用主角在小說中所寫的文章。

⑥③這是 Benedict Anderson 的 *Imagined Communities: Reflections on the Origin and Spread of Nationalism* (London & New York: Verso, 2006) 的中心思想之一。

⑥④Ernest Renan, *Qu'est-ce qu'une nation?* 2nd edn. (Paris: Calmann-Lévy, 1882): 26.

⑥⑤Mackie, *op. cit.,* 1001.

⑥⑥Levy, *op. cit.,* 171.

3 廢除大西洋奴隸制度

①Lecky, *History of European Morals,* Vol. 1. Chapter 1: The Natural History of Morals; http://oll.libertyfund.org/title/1839/104744/2224856.

②Eric Williams, *Capitalism and Slavery* (Chapel Hill: University of North Carolina Press, 1994): 142, 210-11.

③*Ibid.,* 211 .

④Drescher, *Capitalism and Antislavery,* 5.

⑤*Ibid.,* 7.

⑥*Ibid.,* 11, citing work by Wrigley and Schofield.

⑦Benjamin Disraeli, *Lord George Bentinck: A Political Biography* (London: G. Routledge & Co., 1858): 234.

⑧這段文章繼續說：「這也是羅馬的特色——尤其是馬爾庫斯．奧列里烏斯（Marcus Aurelius）的特色」，最後以我在第三章開頭引用的句子作結。

⑨*Encyclopedie, ou Dictionnaire raisonné des sciences, des arts et des métiers, par une société de gens de lettres.* Mis en ordre & publié par M. Diderot... & quant a la partie mathématique, par M. d'Alembert, 28 vols. (Geneva Paris & Neufchastel, 1772; 1754-72). Cited from *The Making of the Modern World* (Farmington Hills, MI: Thomson Gale. 2007), Vol. 16: 532.

⑩這裡要聽的是「良心」。Erasmus Darwin, "The Loves of the Plants" (1789) in *The Botanic Garden* (London: Jones & Company, 1825): 173.

⑪Erasmus Darwin, *Zoonomia; or, The Laws of Organic Life* (Philadelphia: Edward Earle, 1818), Vol. 2: 325.

⑫如卡萊爾（Thomas Carlyle）在《過去和現在》（*Past and Present*）中嘲笑地說，「衛理公會的眼睛永遠放在自己的肚臍眼上：以希望和恐懼的痛苦焦慮問自己，——『我對嗎？我錯嗎？我該被拯救嗎？我不該遭詛咒嗎？』——這基本上不就是自我本位的新措詞，延伸到無限；未必因爲其無限而比較崇高」—— Carlyle, *Past and Present* (1843) (London: Chapman & Hall, 1872): 101.

⑬David Turley, *The Culture of English Antislavery, 1780-1860* (London: Routledge, 1991): 9.

⑭Brown, Human *Universals,* 391.

⑮*Ibid.,* 429.

⑯或許該補充說明，協會的領導階層也有許多貴格會員。

⑰Drescher, *op. cit.,* 28-29.

⑱David Brion Davis, *The Problem of Slavery in the Age of Revolution: 1770-1823* (Ithaca: Cornell University Press, 1975): 435.

⑲Brown, *op. cit.,* 437.

⑳Laurence Sterne, *A Sentimental Journey* (1768) (London: Penguin Books, 2001): 69-70.

㉑William Cowper's "The Negro's Complaint," *The Gentleman's Magazine* (December 1793), ll. 55-56, in *The Complete Poetical Works of William Cowper*, ed. H. S. Milford (London: Henry Frowde, 1905), 371-72.

㉒Cited in Brown, *op. cit.,* 166.

㉓Cited in *ibid.,* 71, 141-42.

㉔*Ibid.,* 371.

㉕*Ibid.,* 134.

㉖Cited in *ibid.,* 170.

㉗Frederick Douglass, *The Life and Writings of Frederick Douglass* (New York: International Publishers, 1950), Vol. 1: 147.

㉘十八世紀後期的鎮壓，也壓制了許多支持廢奴的激進組織——see Thompson, *The Making of the English Working Class.*

㉙William Wilberforce, *An Appeal to the Religion, Justice, and Humanity of the Inhabitants of the British Empire in Behalf of the Negro Slaves in the West Indies* (London: J. Hatchard & Son, 1823): 1.

㉚William Wilberforce, *A Practical View of the Prevailing Religious System of Professed Christians, in the Higher and Middle Classes in This Country Contrasted with Real Christianity* (New York: American Tract Society, 1830): 241, 249-50 (first published in England in 1797).

㉛*Ibid.*, 105.

㉜Williams, *op. cit.*, 181.

㉝*Letters on the Necessity of a Prompt Extinction of British Colonial Slavery; Chiefly Addressed to the More Influential Classes* (Leicester: Thomas Combe & Son, 1826): 104.

㉞*Ibid.*, 149, 163, 165, 184, 159.

㉟Disraeli, *Lord George Bentinck*, 234.

㊱"London Workingmen's Association: Further Papers," in *London Radicalism 1830-1843: A selection of the Papers of Francis Place*, ed. D. J. Rowe (London: London Record Society, 1970): 160-77; http://www.britishhistory.ac.uk/source.aspx?pubid=230.

㊲Betty Fladeland, *Abolitionists and Working-Class Problems in the Age of Industrialization* (London: Macmillan, 1984).

㊳Thompson, *op. cit.*, 807.

㊴See Orlando Patterson, *Slavery and Social Death* (Cambridge, MA: Harvard University Press, 1985).

㊵William Cobbett, *Rural Rides* (1830) (London: J. M. Dent & Sons, 1912): 306-07.

㊶Catherine Gallagher, *The Industrial Reformation of English Fiction* (Chicago: University of Chicago Press, 1988): 10. 第11段引自 Cobbett's *Weekly Political Register*, 7 (1805): 372.

㊷*Ibid.,* citing Cobbett's *Weekly Political Register,* 7 (1806): 845.

㊸*Ibid.,* 9, citing Cobbett's *Weekly Political Register,* August 27, 1823.

㊹*Universal Declaration of Human Rights;* http://www.un.org/en/documents/udhr/.

㊺Samuel Johnson LL. D., *A Dictionary of the English Language,* ed. John Walker and R. S. Jameson, 2nd edn. (London: William Pickering Chancery Lane; George Cowie & Co. Poultry Lane, 1828): 204. 同一本字典定義 "dignify" 爲 "To advance; to prefer; to exalt; to honor; to adorn; to give luster to"，提醒我們榮譽和尊嚴之間的密切關聯。

㊻Edmund Burke, *Reflections on the Revolution in France* (1790) (New York: Oxford University Press, 1999): 49.

㊼Thomas Hobbes, *Hobbes's Leviathan reprinted from the edition of 1651 with an Essay by the Late W. G. Pogson Smith* (Oxford: Clarendon Press, 1909). Chap. XVII: Of the Causes, Generation, and Definition of a Common-Wealth, http://oll.libertyfund.org/title/869/208775/3397532.

㊽當然，對亞伯拉罕諸教（Abrahamic religions，指基督教、伊斯蘭教、猶太教）的信徒，人類尊嚴的基礎在於我們都是「依神的形象」所造。

㊾Seymour Drescher, "Public Opinion and the Destruction of British Colonial Slavery," in James Walvin, ed., *Slavery and British Society 1776-1848* (Baton Rouge: Louisiana State University Press, 1982): 29.

㊿James Walvin, "The Propaganda of Anti-Slavery," in Walvin, ed., *op. cit.,* 52-53, 54.

(51)*Ibid.,* 53. 相關統計 see *ibid.,* 54-55.

(52)Cited in Alan Nevins, *The War for the Union. Vol. 2: War Becomes Revolution: 1862-1863* (New York: Charles Scribner's Sons, 1960): 244.

53. *Ibid.*, 250.

54. "In May 1847, Dr. Bowring chaired the first annual meeting of the debtridden and moribund league. That meeting was also its last"—Douglas C. Stange, *British Unitarians Against American Slavery, 1833-65* (Rutherford, NJ: Fairleigh Dickinson University Press, 1984): 88.

55. 關於 Sir Henry Molesworth 的評述，請見談 Vincent 的文章，收於 Sidney Lee, ed., *Dictionary of National Biography* (London: Smith, Elder, & Co., 1909), Vol. 20: 358. 關於錯過機會的評語，見 William McFeely, *Frederick Douglass* (New York: W. W. Norton, 1995): 138-39.

4 針對女性的戰爭

1. 引用於 Richard Galpin "Woman's 'Honour' Killing Draws Protests in Pakistan," *The Guardian* (London), April 8, 1999; http://www.guardian.co.uk/world/1999/apr/08/14.

2. *Sedotta e Abbandonata (Seduced and Abandoned)* (1964), Pietro Germi, director; story and screenplay by Luciano Vincenzoni.

3. John Webber Cook, *Morality and Cultural Differences* (New York: Oxford University Press, 1999): 35.

4. 梅洛迪亞出獄後兩年，在一九七八年遭到黑手黨式的處決。

5. "Il consiglio che voglio dare è di stare sempre attenti, ma di prendere ogni decisione seguendo sempre il proprio cuore"—Riccardo Vescovo 訪談，發表於二〇〇六年一月十七日，見 *Testata giornalistica dell'Università degli Studi di Palermo*; http://www.ateneonline-aol.it/060117ric.php.

⑥"State of the World Population," UN Population Fund (UNFPA), 2000; http://www.unfpa.org/*swp/2000/english/ch03.html.*

⑦Salman Masood, "Pakistan Tries to Curb 'Honor Killings,'" *New York Times,* Oct. 27, 2004; http://www.nytimes.com/2004/10/27/international/asia/27stan.html. Islam Online January 11 2007; http://www.islamonline.net/servlet/Satellite?c=Article_C&cid=1168265536796&pagename=Zone-English-News/NWELayout.

⑧http://www.scci.org.pk/formerpre.htm.

⑨Suzanne Goldberg, "A Question of Honour," *The Guardian,* May 27 1999; http://www.guardian.co.uk/world/1999/may/27/gender.uk1.

⑩Amir H. Jafri, *Honour Killing: Dilemma, Ritual, Understanding* (Oxford: Oxford University Press, 2008): 67. Ghairati在烏都語和普什圖語都用來代表榮譽之意。

⑪*Pakistan: Honour Killings of Girls and Women,* Amnesty International, September 1999 (AI Index: ASA 33/18/99). Kalpana Sharma, "Killing for Honour," *The Hindu,* Chennai, India, April 25, 1999, retrieved through Westlaw, June 6, 2009, Ref: 1999 WLNR 4528908.

⑫*Pakistan: Honour Killings of Girls and Women,* 5-6.

⑬Galpin, "Woman's 'Honour' Killing Draws Protest in Pakistan."

⑭Jafri, *op. cit.,* 125.

⑮Zaffer Abbas, "Pakistan Fails to Condemn 'Honour' Killings," BBC Online, Aug. 3, 1999; http://news.bbc.co.uk/2/hi/south_asia/410422.stm.

⑯Irfan Husain, "Those Without Voices," *Dawn Online Edition,* Karachi, Pakistan, Sept. 6, 2008; http://www.dawn.com/weekly/mazdak/20080609.htm.

⑰Rabia Ali, *The Dark Side of" Honour": Women Victims in Pakistan* (Shirkat Gah Women's Resource Centre, Lahore, 2001): 30.

⑱"MoC consulting stakeholders on new ATTA," *The Business Recorder,* Nov. 19, 2009; http://www.brecorder.com/index.php?id=988220.

⑲對普什圖社會結構的討論，見 Ali Wardak, "Jirga—Power and Traditional Conflict Resolution in Afghanistan," in John Strawson, ed., *Law After Ground Zero* (London: Glasshouse Press, 2002): 191-92, 196. 關於普什圖法，他引用的是 N. Newell and R. Newell, *The Struggle for Afghanistan* (London: Cornell University Press, 1981): 23。

⑳Jafri, *op. cit.,* 76.

㉑*Ibid.,* 7.

㉒*Ibid.,* 66, 123.

㉓http://www.paklinks.com/gs/culture-literature-linguistics/148820-ghairat.html.

㉔Jason Bourke, "Teenage Rape Victim Executed for Bringing 'Shame' to Her Tribesmen," *The Guardian,* April 18, 1999; http://www.guardian.co.uk/Archive/Article/0,4273,3855659,00.html.

㉕http://www.pakistani.org/pakistan/constitution/preamble.html.

㉖*NCSW Report on the Qisas and Diyat Ordinance,* 68. 我未曾在別處見過這種說法的報導。

㉗*Shamoon alias v. The State,* 1995 SCMR 1377, cited in *NCSW Report on Qisas and Diyat Ordinance,* 35.

㉘在奴隸問題上，法律上的解放也只是開始。See Kwame Anthony Appiah, "What's Wrong with Slavery?" in Martin Bunzl and K. Anthony Appiah, eds. *Buying Freedom* (Princeton: Princeton University Press, 2007): 249-58.

㉙Naeem Shakir, "Women and religious minorities under the Hudood Laws in Pakistan," posted on July 2, 2004, at http://www.article2.org/mainfile.php/0303/144/.

㉚David Montero, "Rape Law Reform Roils Pakistan's Islamists," *Christian Science Monitor,* Nov. 17, 2006; http://www.csmonitor.com/2006/1117/p07s02-wosc.html.

㉛案例請見 Jafri, *op. cit.,* 115-16。

㉜*State of Human Rights in 2008* (Lahore: Human Rights Commission of Pakistan, 2009): 134.

㉝Beena Sarwar, "No 'Honour' in Killing," *News International,* Sept. 3, 2008; http://www.thenews.com.pk/daily_detail.asp?id=133499.（就我目前所知，Beena Sarwar 和 Samia Sarwar 並無親戚關係。）

㉞當然，我知道，基督見到「行淫之時被拿」的婦人說，「你們中間誰是沒有罪的，誰就可以先拿石頭打她。」（約翰福音第八章第七節）。但在這裡，以及其他地方，基督並沒有明確地駁斥摩西之律法；正如先知穆罕默德在提到定通姦之罪所需要的證據時，也未排斥傳統阿拉伯以亂石砸死爲適當懲罰的觀點。

㉟*Pakistan: Honour Killings of Girls and Women,* 8.

㊱Jafri, *op. cit.,* 115-17.

㊲*Ibid.,* 92-93.

㊳在巴基斯坦有一個公共婦女連鎖庇護所，稱作 *Dar ul-Amans*，其中第一所是多年前在拉合爾所創

立，但此機構卻因極不友善而惡名昭彰，見 Meera Jamal, "Hapless Women Call Darul Aman 'No Less Than Prison,'" *Dawn Internet Edition,* Aug. 13, 2007; http://www.dawn.com/2007/08/13/local1.htm。

㊴Galpin, "Woman's 'Honour' Killing Draws Protest in Pakistan."

㊵Philip D. Curtin, *The Atlantic Slave Trade: A Census* (Madison: University of Wisconsin Press, 1969): 136.

5 教訓和傳承

①Alexis de Tocqueville, *De la démocratie en Amérique,* 5th edn. (Paris: Pagnerre, 1848), Vol. 4: 152-53.

②Immanuel Kant, *Groundwork of the Metaphysics of Morals,* Cambridge Texts in the History of Philosophy, ed. Mary Gregor (Cambridge: Cambridge University Press, 1997): 7.

③*Ibid.,* 11.

④我在 *Experiments in Ethics* (Cambridge, MA: Harvard University Press, 2008) 一書中，談到道德心理學最近這方面的研究。

⑤John Locke, *The Works of John Locke in Nine Volumes,* 12th edn. (London: Rivington, 1824), Vol. 8, Chapter: Some Thoughts Concerning Education; http://oll.libertyfund.org/title/1444/81467/1930382.

⑥Horace, *Sermones,* I, 6, ll. 7-8.

⑦*Ibid.,* ll. 34-37.

⑧我要強調的是，因出身而來的歸屬性的認同（ascriptive identities），比如家庭成員，可能成爲偏袒的基礎。你有權利（有時是必須）對A比對B更好，只因A是你妹妹，而B和你並無關係。但認出某

個事物爲偏袒的形式，就是承認你所偏袒的人在本質上並無過人之處；如果有，那麼你偏袒他們的原因就可能是公正無私。見 Appiah, *The Ethics of Identity*，第六章。

⑨David Hume, *Enquiries Concerning the Human Understanding and Concerning the Principles of Morals by David Hume,* ed. L. A. Selby-Bigge, M.A. 2nd edn. (Oxford: Clarendon Press, 1902), 265.

⑩Newman, *The Idea of a University,* 208-11.

⑪Rupert Brooke, "The Dead," from *1914: Five Sonnets* (London: Sidgwick & Jackson, 1914): 3.

⑫想想這些理由，見 Paul Robinson, *Military Honour and Conduct of War: From Ancient Greece to Iraq* (London: Routledge, 2006)。

⑬Brennan and Pettit, *op. cit.,* 260.

⑭這是公共的善的相反：公共之惡。

⑮Atul Gawande, "The Cost Conundrum: What a Texas Town Can Teach Us About Health Care," *The New Yorker,* June 1, 2009; http://www.newyorker.com/reporting/2009/06/01/090601fa_fact_gawande.

⑯"Rumsfeld Testifies Before Armed Services Committee,"，參院證詞副本，二〇〇四年五月七日週五，在《華盛頓郵報》網站，http://www.washingtonpost.com/wp-dyn/articles/A8575-2004May7.html。

⑰費許貝克（Ian Fishback）寫給參議員麥坎（John McCain）的信刊載於二〇〇五年九月二十八日《華盛頓郵報》，標題是"A Matter of Honor"; http://www.washingtonpost.com/wp-dyn/content/article/2005/09/27/AR2005092701527_pf.html。並參見 Tara McKelvey, *Monstering: Inside America's Policy of Secret Interrogations and Torture in the Terror War* (New York: Basic Books, 2008): 6-7。

⑱Coleen Rowley, "Ian Fishback," *Time* magazine, Apr. 30, 2006; http://www.time.com/time/magazine/article/0,9171,1187384,00.html.

⑲McKelvey, *op. cit.,* 179.

⑳Tim Dickinson, "The Solider: Capt. Ian Fishback," *Rolling Stone,* Dec. 15, 2005; http://www.rollingstone.com/news/story/8957325/capt_ian_fishback.

㉑McKelvey, *op. cit.,* 179.

㉒Nicholas Kristof, Foreword to Mukhtar Mai's *In the Name of Honor: A Memoir,* xiv-xv.

國家圖書館出版品預行編目資料

榮譽法則 / Kwame Anthony Appiah 著 ； 莊安祺譯.
-- 初版. -- 臺北市：大塊文化, 2012.05
面； 公分. -- (from ; 79)
譯自 : The honor code: how moral revolutions happen

ISBN 978-986-213-333-0（平裝）

1.社會變遷 2.社會倫理

541.4 101006809

LOCUS

LOCUS

LOCUS

LOCUS